El poder de la bendición paternal es un libro para nuestros tiempos: un mensaje que colocará sus relaciones familiares sobre la roca de Jesús y su Palabra.

—LOREN CUNNINGHAM
Fundador de JUCUM, Juventud con una Misión

El poder de la bendición paternal por Craig Hill es lectura obligatoria para todos los padres. Craig expone la diferencia entre una vida que cuenta con la bendición paternal y la que no. Como en sus libros anteriores, Craig fundamenta sus conclusiones con las Escrituras. Les animo a leer y aplicar el contenido de este libro si son padres o lo serán próximamente.

—OS HILLMAN
Autor de *TGIF Today God Is First* [Hoy Dios está primero]
y *Change Agent* [Agente de cambio]

Ha sido un honor para mí enseñar junto a Craig Hill y escuchar sus enseñanzas sobre el poder increíble de la bendición paternal. Ahora capturó ese mensaje en un libro que usted no debe dejar de leer. Descubrirá por qué la bendición es tan crucial para *su* hijo ¡y también para su vida y sus relaciones! También capturó aplicaciones específicas para los momentos críticos en los que usted puede actuar y bendecir al hijo o hija que Dios le dio.

—JOHN TRENT, PhD
Coautor de *The Blessing* [La bendición] y presidente de StrongFamilies.com y The Blessing Challenge (www.theblessing.com)

Craig Hill tiene una profunda revelación sobre el verdadero significado de "bendición" y trae esperanza extrema y seguridad de que nunca es demasiado tarde para bendecir a nuestros hijos y a las generaciones futuras. Craig nos ayuda a apropiarnos de la bendición del Padre sobre nuestras vidas y nos capacita con ayudas prácticas para impartirla a nuestros hijo

Este libro es un recurso excelente y cautivante para individuos, padres y ministros que verdaderamente desean vivir su herencia ilimitada como hijos de Dios. Esperamos con ansias regalar este libro a nuestros hijos cuando se casen para que puedan entender los principios del reino que contiene de modo que estén facultados para bendecir a sus hijos. Las semillas de bendición que sembramos hoy ¡serán cosechadas de generación en generación!

—BOB Y AUDREY MEISNER
Autores del éxito editorial *Marriage Under Cover*

Experimenté el increíble perjuicio de no tener la bendición paternal y los increíbles beneficios de tenerla. Justo antes de que muriera mi padre judío no converso, le pedí que me bendijera. Creo que esta bendición no sólo abrió la puerta para que él fuera salvo, sino también abrió la puerta para que Dios le diera a mi ministerio ¡una proyección internacional! La mayoría de los creyentes se han perdido el increíble poder de la bendición. Este libro se convertirá en un clásico y en una pieza vital de su arsenal para cumplir su destino.

—SID ROTH
Escritor, presentador del programa de TV *It's Supernatural!* y fundador de Messianic Vision

EL PODER DE LA BENDICIÓN PATERNAL

CRAIG HILL

CASA
CREACIÓN
Para vivir la Palabra

Para vivir la Palabra

MANTENGAN LOS OJOS ABIERTOS,
AFÉRRENSE A SUS CONVICCIONES,
ENTRÉGUENSE POR COMPLETO,
PERMANEZCAN FIRMES,
Y AMEN TODO EL TIEMPO.
—1 Corintios 16:13-14 (Biblia El Mensaje)

El poder de la bendición paternal por Craig Hill
Publicado por Casa Creación
Miami, Florida
www.casacreacion.com
©2013, 2021 Derechos reservados

Library of Congress Control Number: 2013931066
ISBN: 978-1-62136-186-2
E-book: 978-1-62136-194-7

Desarrollo editorial: *Grupo Nivel Uno, Inc.*
Adaptación de diseño interior y portada: *Grupo Nivel Uno, Inc.*

Publicado originalmente en inglés bajo el título:
The Power of Parent's Blessing
publicado por Charisma House, Lake Mary, FL 32746 USA
Copyright © 2013 Craig Hill
Todos los derechos reservados.

Visite la página web del autor: www.familyfoundations.com

Nota de la editorial: Aunque el autor hizo todo lo posible por proveer teléfonos
y páginas de internet correctos al momento de la publicación de este libro, ni la
editorial ni el autor se responsabilizan por errores o cambios que puedan surgir
luego de haberse publicado.

Impreso en Colombia

24 25 26 27 28 LBS 9 8 7 6 5 4 3 2 1

A mi padre y madre, Gilman y Vonnie Hill, que comprendieron y utilizaron el poder de la bendición paternal en mi vida. Le agradezco a Dios por mis padres, porque ambos dieron de manera sacrificada para derramar la bendición sobre mi vida, fortaleciéndome para prosperar en mi llamado y porque permitieron que perpetuara este ciclo de bendición generacional con mi esposa, hijos y nietos.

Contenido

Introducción

"**P**ERO JEHOVÁ HABÍA dicho a Abram: 'Vete de tu tierra y de tu parentela, y de la casa de tu padre, a la tierra que te mostraré. Y haré de ti una nación grande, y te bendeciré, y engrandeceré tu nombre, y serás bendición. Bendeciré a los que te bendijeren, y a los que te maldijeren maldeciré; *y serán benditas en ti todas las familias de la tierra*.'" (Génesis 12:1-3, énfasis añadido por el autor)

Dios tiene un plan para bendecir a cada familia del planeta. Eso se declara en la promesa anterior, la cual Dios le hizo al patriarca Abraham, diciéndole de antemano las bendiciones que vendrían por medio de Jesucristo, la semilla de Abraham. El propósito decretado por Dios al enviar a Jesús, el Mesías, era para poder bendecir a todas las familias de la tierra. Es interesante ver que Él no dijo que bendeciría a todos los individuos de la tierra, sino que a todas las familias. En este pasaje del Génesis vemos que la unidad básica por medio de la cual Dios se comprometió a trabajar es la familia. También podemos estar seguros de que si el plan de Dios es de bendecir entonces el de Satanás es el opuesto, y que ese para maldecir a todas las familias de la tierra.

¿Qué es entonces bendición y lo opuesto, maldición? Por lo general, esos términos nos traen distintos pensamientos a la mente. La bendición suele conectarse con recibir dinero algún otro tipo de regalo. La maldición, a menudo, se asocia con la brujería o alguien que pone un "hechizo" sobre otra persona. En otras ocasiones pensamos en la maldición como alguien que insulta o dice cosas obscenas. Mientras que bendición y maldición significan esas cosas, en este libro hablamos de algo muy simple. A lo largo del libro, estaremos usando estas dos definiciones de esas palabras:

> ❧ Bendecir: Dios usando a un humano para impartir su mensaje e imagen de identidad y destino al corazón de otra persona.

&➤ Maldecir: Satanás usando a un humano para impartir su mensaje de identidad y destino a corazón de otra persona.

Dios y Satanás, ambos, tienen un mensaje que desean impartir en el corazón de cada persona en la tierra. Sin embargo, estos dos mensajes son completamente opuestos el uno del otro. Mientras que el mensaje de Dios es amor, valor, respeto y propósito, el mensaje de Satanás es vergüenza, falta de amor y falta de propósito. En cualquier momento determinado, los padres pueden convertirse en agentes de Dios para bendecir a sus hijos, o en agentes de Satanás para maldecir a sus hijos. Los padres pueden impartir el mensaje de Dios: "Te amo, eres precioso, valioso y digno de mi tiempo y energía"; o del mensaje de Satanás: "Eres incapaz de ser amado, eres indeseado, y no eres digo de mi tiempo ni energía".

En el hebreo, la palabra "bendecir" es la palabra "barak". La traducción literal de esta palabra es "arrodillarse ante alguien".[1] Por lo tanto, la bendición viene de una actitud y postura de humildad. Cuando la mayoría de las personas piensa en la bendición, piensa en el alguien por encima de la persona, bendiciendo desde una posición superior. Sin embargo, Jesús nos bendijo al humillarse y al tomar la forma humana. Desde la postura de un criminal rechazado, Él dio su vida para pagar por nuestro pecado. Esta es la máxima expresión de una imagen de bendición desde una postura de arrodillamiento.

Mientras que el significado literal de "barak" es "arrodillarse ante", la principal connotación espiritual es "fortalecer a alguien a prosperar".[2] Así que cuando bendice a alguien, usted se arrodilla ante él en humildad y, literalmente, fortalece a esa persona para que prospere. Por supuesto que la palabra "prosperar" no está limitada a prosperidad financiera. Si usted bendice a su hija, usted le fortalece para que prospere en cada aspecto de su vida: su vida espiritual con Dios, su salud física, su bienestar emocional, su matrimonio, sus hijos, sus finanzas, su carrera y su ministerio. Maldecir es hacer exactamente lo opuesto. Si usted maldice a su hija, usted básicamente daña, rompe, desfortalece su capacidad de prosperar en todos esos mismos aspectos de la vida.

En el griego, el verbo "bendecir" es la palabra "eulogeo". El significado literal de esta palabra es "hablar bien de".[3] Esta palabra también significa hacer prosperar.[4] Tal vez usted ya haya captado la palabra "elogio", que proviene de esa misma raíz. Un elogio también es hablar bien de alguien, y es por lo general lo que se hace en los funerales. Obviamente las palabras que se hablan en un funeral no harán que el difunto prospere. Para poder fortalecer a alguien para que prospere, las palabras deben ser dadas a esa persona en vida y mientras pueda recibir la bendición. Entonces, maldecir es hablar mal de alguien, o infundirle la visión de Satanás o su imagen a alguien, mientras que bendecir a alguien es hablar bien de esa persona, o impartirle la visión de Dios o su imagen a su vida.

AGUA RICA EN NUTRIENTES O ÁCIDO HIDROCLÓRICO

Una de las mejores ilustraciones de la bendición y la maldición se me ocurrió un día mientras observa a mi esposa, Jan, regar las plantas en casa. Jan es una experta en temas de plantas de hogar. Las plantas florecen mientras ella las cuida, crecen grandes y sanas. Cuando la gente nos visita, por lo general comentan acerca del gran toque de Jan para las plantas.

Cuando es hora de regar las plantas, Jan mezcla un polvo azul con nutrientes para plantas con agua; luego pone la medida exacta para cada planta. Noté que después de cada aplicación de esta "agua azul", las plantas parecen erguirse y llenarse de vida. Supongamos, por otro lado, que un día Jan decidiera verter ácido hidroclórico en lugar del agua con nutrientes. ¿Cómo responderían? En vez de estar bien, de abrir sus poros y desear más, las plantas cerrarían todos sus poros para tratar de repeler la mayor cantidad posible del ácido.

Este ejemplo es una buena ilustración de una bendición y una maldición. Los padres, por medio de sus palabras, malas actitudes y acciones tienen la habilidad de bendecir o maldecir las identidades de sus hijos. La bendición es como derramar agua azul llena de nutrientes en el propio ser de su hijo, mientras que la maldición es como derramar ácido hidroclórico sobre el hijo. Uno fortalece al hijo para que prospere; el otro lastima y desactiva. La bendición imparte el mensaje de la identidad de Dios y su destino mientras que la maldición imparte el mensaje de Satanás.

Incluso Jesús necesitó
la bendición de su padre

Es interesante notar que la bendición de un padre es tan importante que hasta Jesucristo mismo no hizo ningún milagro ni predicó un mensaje hasta haber recibido, en público, la bendición de Dios su Padre. En el evangelio de Lucas leemos:

> y descendió el Espíritu Santo sobre él en forma corporal, como paloma, y vino una voz del cielo que decía: Tú eres mi Hijo amado; en ti tengo complacencia.
>
> —Lucas 3:22

Hoy día, la frase que oímos a Dios decir sobre Jesús no es algo típico que oiríamos a los padres decirles a sus hijos. Pero entiendo que los padres judíos de la época sí estaban acostumbrados a oír decir: "Este es mi hijo en el cual tengo complacencia". Entiendo que era común que los padres judíos dijeran estas palabras sobre las vidas de sus hijos cuando los enviaban a la vida de adulto y a su llamamiento. Por lo tanto, cualquier que había asistido a una ceremonia hebrea de paso de mando estaba familiarizado con las palabras que Dios el Padre declaró sobre Jesús.

De la única persona que no se podía decir esta frase era de una persona de nacimiento cuestionable o ilegítimo. Dadas las extrañas circunstancias del nacimiento de Jesús, muchas personas lo consideraban alguien ilegítimo. Además, como Jesús no era el hijo biológico de José, seguramente José no declaró estas palabras de bendición sobre Jesús cuando lo entregó a la vida adulta.

En su humanidad, Jesús debió haber estado tentado a sentirse inseguro al respecto. ¿Alguna vez pensó lo que debería ser para Jesús ser Dios mismo en forma humana? En algún momento de su niñez debió haberse dado cuenta de que era distinto a todos los demás niños. Seguramente pensaba cosas como: "Soy Dios. Toda la llenura de la Deidad mora en mí en forma corporal". Tal vez pensó: "O estoy perdiendo los cabales o estos pensamientos son verdad".

¿Con quién podría ir a buscar consejos? ¿Quién lo entendería? ¿Se imagina yendo a ver al rabino y decir: "Discúlpeme rabino, pero he tenido pensamientos muy raros últimamente. He estado pensando que soy Dios mismo. ¿Qué le parece?".

Tal vez su madre fue la única persona que en verdad podría comprender cómo sería la vida de Jesús. Creo que en su humanidad, Jesús fue tentado con las mismas inseguridades y los mismos temores que nosotros enfrentamos.

Pero si alguien tenía algún tipo de dudas acerca de la identidad o destino de Jesús, todas esas dudas quedaron completamente absueltas en el río Jordán cuando el Padre declaró públicamente: "Eres mi Hijo amado, en quien tengo complacencia". Creo que esta bendición del padre le dio a Jesús la fortaleza para poder caminar en su verdadera identidad y cumplir con su propósito en la tierra. Si Jesús necesitaba la bendición de su Padre para poder cumplir con su destino, ¿cuánto más necesitan recibirla nuestros propios hijos de parte de sus padres?

Restaurar una cultura de bendición

Lamentablemente en la cultura occidental actual, las bendiciones en ciertas etapas críticas de la vida así como las bendiciones paternales semanales se han eliminado en la mayoría de las familias. Cuando hablo en conferencias y en distintas iglesias, a menudo le pregunto a los asistentes: "¿Cuántos de ustedes recibieron una ceremonia de bendición o una poderosa impartición de bendición de parte de su padre entregándoles a la identidad y destino de la vida adulta o en algún momento de la pubertad?".

Hice esta pregunta recientemente en una conferencia donde había unos doscientos concurrentes. En ese grupo, solamente dos personas levantaron sus manos para decir que sus padres les habían bendecido en la etapa de la pubertad.

En muchos grupos, continúo con mi línea de cuestionamiento preguntando: "¿Cuántos aquí han recibido una bendición de parte de su madre, padre o ambos, semanalmente?" Otra vez, aquellos que responden afirmativamente son aun menos que los que recibieron una bendición como la de un rito de paso en el tiempo de la pubertad. Por lo general, aquellos que responden de manera afirmativa no son de una cultura occidental tradicional.

La comprensión del poder de la bendición de un padre ha sido robado, sistemáticamente, de nuestra cultura. Sin embargo, con este libro usted aprenderá cómo restaurar una cultura de bendición para su familia y cómo convertirse en un embajador de bendición en su comunidad y para aquellos a su alrededor.

A medida que estudiaba el tema de la bendición y la maldición en la Biblia, identifiqué seis etapas críticas en la vida de un hijo donde debe recibir la bendición de Dios por medio de sus padres, y una séptima instancia donde los hijos deben de ser de bendición para sus padres. Estos siete tiempos críticos son: (1) en la concepción, (2) en el vientre, (3) en el nacimiento, (4) durante la infancia, (5) en la pubertad (en una ceremonia de rito de paso), (6) en el matrimonio y (7) en la edad anciana.

Hubiese sido casi imposible para cualquier persona que naciera en la antigua cultura hebrea perderse la bendición en algunas de estas instancias. La cultura estaba organizada de tal modo que tanto el día a día como el rito de paso ocurrían en la mayoría de las familias. Esto traía salud espiritual, emocional, física, relacional y financiera para las familias que practicaban la bendición con regularidad. En los siguientes capítulos usted aprenderá cómo restaurar una cultura general de bendición en su propia familia y cómo impartir una bendición significante sobre sus hijos cada semana.

Mientras lee este libro, usted oirá un mensaje de dos maneras: inicialmente, como hijo o hija adultos, y en segundo lugar como padre para sus propios hijos. En cada capítulo describo la bendición que Dios planificó para cada uno de esos siete tiempos críticos; veremos el poder de la bendición así como las consecuencias de la falta de bendición o maldición.

Le animo a que primeramente reciba el mensaje para sí mismo, como hijo o hija. Luego usted podrá ser un agente de Dios para impartirles la bendición a sus hijos en cada etapa crítica de la vida.

Tal vez usted vea que ya perdió varias de las oportunidades críticas en las vidas de sus hijos. A lo largo del libro aprenderá cómo usted, como padre, aún puede impartirles la bendición a sus hijos grandes o adultos aunque no haya podido hacerlo en la etapa apropiada de la vida.

Al final de los capítulos 4 al 10 encontrará una sección que denominé "La caja de herramientas de bendición". Allí usted encontrará sugerencias prácticas y modelos de oración que puede utilizar para romper el poder de las maldiciones en su propia vida así como en la de sus hijos, y también oraciones que puede hacer para desatar la bendición. También aprenderá a cerrar puertas espirituales en su familia que pudieron habérsele abierto al enemigo y aprenderá a abrir puertas espirituales para desatar la bendición de Dios sobre usted y sus hijos.

Tal vez note que utilizo el pronombre "sus" a lo largo de este libro refiriéndome a los hijos. Pero esto es para facilitar la lectura, no porque la bendición solo sea para los hijos varones. Si usted tiene hijas, le animo a ajustar el lenguaje como sea necesario.

Hay una batalla que se lleva a cabo en toda familia sobre cuál mensaje de identidad y destino será impartido, si el de Dios o el de Satanás. En este libro usted aprenderá en qué momentos exactos en su propia vida y en las vidas de sus hijos el enemigo, de manera exitosa, impartió su mensaje e imagen, y cómo, específicamente, usted puede remplazar esa imagen con la verdad de Dios. También aprenderá a bendecir a su familia, intencionalmente, a diario, semanalmente y en las siete etapas críticas de la vida. Al hacerlo, usted no solo estará fortaleciendo a sus hijos para que prosperen, sino que también estará creando un legado de bendición para futuras generaciones.

Usted fue creado para convertirse en un agente de Dios de bendición para sus hijos. A medida que lee los próximos capítulos, usted será equipado para fortalecer a sus propios hijos a cumplir sus destinos en Dios. Sin embargo, creo que a medida que usted aprende a desatar el poder de una bendición paternal, ¡el Señor también le preparará para ser parte de un creciente ejército de familias bendecidas que animan a otros a crear una cultura de bendición en las comunidades alrededor del mundo!

Capítulo 1

EL LLANTO DE ESAÚ

En Génesis 27 hay un pasaje que contiene un mensaje de bendición de parte de un padre para su hijo. En el versículo 24 Esaú "clamó con una muy grande y muy amarga exclamación, y le dijo: 'Bendíceme también a mí, padre mío'". Este llanto del corazón del hijo, Esaú, hacia su padre, Isaac, es el llanto de muchos hijos de la actualidad, adultos o adolescentes, hacia sus propios padres y madres.

Es evidente que Dios deseara que cada hijo fuese bendecido por su padre y madre en distintas etapas de la vida. A lo largo de las Escrituras vemos a los padres hebreos imponiendo sus manos sobre sus hijos e impartiéndoles una bendición con palabras y acciones.

En el recuento bíblico de la bendición que Isaac debía impartirles a sus hijos Jacob y Esaú, vemos el poder y la importancia de la bendición paternal. Isaac, su esposa, y sus hijos, todos entendían que la bendición del padre sobre el hijo primogénito tenía gran poder para hacer que ese hijo y su familia prosperaran por generaciones futuras. Esta bendición se consideraba tan poderosa que Jacob, con la ayuda de su madre, Rebeca, estaba dispuesto a mentir y engañar para poder obtener la bendición que justamente pertenecía a su hermano mayor, Esaú.

Haciéndose pasar por su hermano, Jacob convenció a su prácticamente ciego padre de que él era Esaú y por lo tanto recibió de su padre la bendición del primogénito. Cuando luego Esaú vino ante su padre para recibir su bendición y descubrió que Jacob ya había recibido la irrevocable bendición de su padre, la Escritura registra lo siguiente:

> Y Esaú respondió a su padre: ¿No tienes más que una sola bendición, padre mío? Bendíceme también a mí, padre mío. Y alzó Esaú su voz, y lloró... Y aborreció Esaú a Jacob por la

bendición con que su padre le había bendecido, y dijo en su corazón: Llegarán los días del luto de mi padre, y yo mataré a mi hermano Jacob.

—Génesis 27:38, 41

¿Por qué hizo la bendición robada que Esaú se enojara tanto que hasta quería matar a su hermano? Esaú estaba devastado porque comprendió algo que muy pocas personas hoy día se dan cuenta. Esaú sabía que un padre tiene la llave para el futuro de sus hijos, y que, cuando se usa, hace que ellos prosperen. Cuando seguimos la vida de Jacob por varias generaciones, observamos que Jacob y su familia se multiplicaron en número, se enriquecieron grandemente, se mantuvieron sanos, no experimentaron plagas ni enfermedad, conquistaron a sus enemigos y gobernaron en su tierra por muchas generaciones. La tribu de Esaú por otro lado, no prosperó, no creció en número, no se enriqueció y era constantemente conquistada por enemigos.

He observado el mismo fenómeno en muchas familias modernas. Los hijos cuyos padres les bendicen tienden a prosperar en sus vidas adultas, y los hijos cuyos padres nunca los bendijeron tienden a languidecer. ¿Por qué es esto? Creo que es porque Dios estableció el poder de la bendición y diseñó que funcionara en cada familia de la tierra. La bendición es el mecanismo primordial de Dios para impartir su imagen (pensamientos, emociones y experiencia) de identidad ("¿Quién soy?") y destino ("¿Por qué estoy aquí?") en lo profundo del corazón de la persona. Esto es de suma importancia porque la visión para la vida, la salud física y emocional, la prosperidad financiera y la dinámica relacional de la familia están todas directamente enlazadas a imágenes de Dios, del ser, y otras marcadas en el interior del hombre (alma) de cada persona (3 Juan 2).

Identidad y destino

Profundicemos un poco más sobre la identidad y el destino y veamos cómo estos conceptos se relacionan con la bendición y la maldición. Ya sea que nos demos cuenta o no, cada día debemos responder dos preguntas claves: "¿Quién soy?" y "¿Por qué estoy aquí?". Respondemos estas preguntas basadas en nuestras imágenes preexistentes en nuestro interior. De la manera que respondemos estas preguntas determina cómo respondemos a las circunstancias de la vida.

Cómo mencioné anteriormente, la primera pregunta, "¿Quién soy?", tiene que ver con la identidad. Dicho de manera simple, la identidad es la percepción que un individuo tiene de sí mismo. El factor principal en juego en cuanto a la identidad es el valor ("¿Cuánto valgo?"). Por lo tanto, cuando hablamos de identidad, hablamos acerca de la percepción que una persona tiene de sí misma y el valor de su vida y ser.

La segunda pregunta, "¿Por qué estoy aquí?", tiene que ver con el destino. El destino se trata de la percepción de un individuo en cuanto a su función y significado en la tierra. El factor principal en juego cuando se trata del destino es el propósito ("¿Por qué estoy aquí? ¿Qué debo hacer?"). La identidad y el destino son cualidades claves que Dios deseó que fuesen correctamente impartidas sobre nosotros y establecidas en nuestras vidas. El curso de nuestra vida de adultos se dicta mediante la impartición de identidad y destino, las cuales recibimos de niños.

Siempre ha sido y es el deseo de Dios de impartirle a cada persona su mensaje de identidad y destino, especialmente en etapas particulares de la vida. Él ha asignado agentes especiales en esta tierra para asegurar que su mensaje de identidad y destino sea revelado a nuestros corazones. Mientras que muchas personas puede influir en nuestras vidas, estos agentes especiales de Dios que son ungidos para impartir identidad y destino no son ángeles, ni maestros, ni entrenadores, ni pastores. Son "padres".

Si los padres no hacen nada más en cuanto a sus hijos, una tarea que Dios les ha dado es asegurarse que sus hijos reciban su mensaje de identidad y destino durante sus años de crecimiento. En contraste, el propósito de Satanás es llegar a estos agentes de Dios y usarlos para impartirles a sus hijos su mensaje alterno de identidad y destino.

Impartir el mensaje de Dios de identidad y destino a sus hijos es lo que yo llamo "bendición". Impartir el mensaje alternativo de Satanás de identidad y destino es lo que yo llamo "maldición". Muchas veces los padres son usados inconscientemente para impartir un mensaje espiritual y emocional de parte del diablo en vez de uno de parte de Dios.

EL MENSAJE DE SATANÁS
CONTRA EL MENSAJE DE DIOS

¿Cuál es la diferencia básica entre el mensaje de Dios y el mensaje de Satanás? El mensaje de identidad de Satanás es algo parecido a esto: "Tú no eres nada, nadie. No tienes valor. Hay algo terriblemente defectuoso y malo en ti. No perteneces aquí. Eres estúpido. Eres horrible. Eres demasiado petizo (o alto), muy gordo (o flaco). Tu nariz es muy grande. Tu piel es del color equivocado. Eres un error. Nadie quería que nacieras. Ni siquiera deberías estar aquí. Solo eres un producto de la lujuria de alguien. No eres amado ni nadie nunca te amará porque eres incapaz de ser amado". Él tal vez ataque la identidad sexual de un niño, diciendo: "Eres del sexo equivocado. Tus padres querían una niña (o un niño). Nunca serás aceptado y tus padres siempre te rechazarán". Esta es la clase de mensajes que el diablo quiere impartirle a los niños temprano en la vida.

En cuanto al destino ("¿Por qué estoy aquí?"), el mensaje de Satanás es algo así: "No deberías estar aquí. No perteneces, no encajas aquí. No tienes ningún propósito ni destino. Solo estás consumiendo oxígeno, comida y agua en el planeta. Eres un inservible fracaso. Eres completamente incompetente e improductivo. Eres completamente inadecuado en cada aspecto de la vida. Aun si tuvieras un destino de parte de Dios, eres tan defectuoso que Dios no puede ayudarte a completar tu destino. Alguien debería escribir un libro acerca de ti y de tu vida llamado 'Los siete hábitos de la gente altamente defectuosa'. Nunca tendrás éxito en nada. Nunca nada te funcionará".

El mensaje de identidad y destino de Dios es lo opuesto. La respuesta de Dios a la pregunta de identidad ("¿Quién soy?") es: "Te amo. Eres todo para mí. Vales la vida de mi Hijo, Jesucristo, porque eso es lo que pagué por ti. Perteneces aquí, y se supone que estés aquí. Eres muy especial. Eres único. No hay nadie como tú. Eres hermoso. Me encanta tu cabello, tus ojos, tu piel, todo acerca de ti. Cuando miro tu rostro, me haces sonreír. Tal vez tus padres no te esperaban, pero yo sí. Tú no eres una sorpresa para mí. Tu madre te llevó por nueve meses en su vientre, pero yo te llevé por miles de años en mí Espíritu. Y en el momento justo hice que nacieras en la tierra. Sabía exactamente quién serías y cuándo nacerías. Llegaste justo a tiempo. Eres del sexo correcto, exactamente como yo te creé. No hay nada equivocado, nada defectuoso. Puedes esperar ser amado y apreciado por otros porque yo te amo y te creé para ser amado".

La respuesta de Dios a nuestras preguntas acerca del destino es muy similar. Él dice: "Perteneces aquí y estás aquí porque yo te creé y te equipé de manera única para estar aquí en este tiempo. Tienes un propósito único y un destino el cuál yo diseñé para ti y que nadie más puede realizar. Nadie más puede ser el padre de tus hijos ni el hijo de tus propios padres. Nadie más tiene las experiencias únicas de la vida, los dones, y las habilidades que tú tienes. Eres completamente capaz y competente para llevar a cabo tu propósito y destino, pero no tendrás que hacerlo solo. Tengo maravillosos compañeros que irán contigo en tu viaje y te ayudarán a cumplir con tu propósito. Yo mismo te ayudaré y siempre estaré contigo. Nunca te dejaré ni te abandonaré. Puedes esperar ser prosperado y tener éxito en todo lo que yo te llamé a hacer en tu vida. ¡Te amo!"

EL EFECTO DE
LAS MENTIRAS DE SATANÁS

Muchas veces los padres simplemente desconocen el poder que tienen como agentes de Dios o de Satanás. No muchos padres se levantan por la mañana y se dicen a sí mismos: "Me pregunto cómo puedo convertirme hoy en el agente de Satanás para impartir su mensaje a mi hijo de una manera espiritual profunda y a nivel emocional". Sin embargo, muchos padres hacen esto sin darse cuenta de lo que hicieron. Esto es precisamente lo que le ocurrió a Joe.

Joe era un hombre de negocios bien vestido y exitoso que estaba a fines de sus treinta cuando lo conocí. Él y su esposa habían venido a uno de los eventos de fin de semana de "Ancient Paths" que nuestro ministerio organiza. Cuando pasamos al tiempo de grupos pequeños, Joe comenzó a contarnos, un poco avergonzado, el gran problema en el que el enojo se había convertido en su vida.

"El enojo hace que me avergüence de mí mismo y luego me sienta culpable", explicó Joe. Siguió contándonos que unos meses antes estaba saliendo del estacionamiento de un centro de compras y dirigiéndose hacia el tráfico. Justo cuando estaba a punto de avanzar en el tráfico, se dio cuenta que no había suficiente espacio entre los autos para que se incorporara al mismo, así que se detuvo para esperar una apertura en el tráfico. Aparentemente sorprendido por la repentina decisión de Joe de no incorporarse al tráfico, el hombre en el automóvil detrás tocó la bocina. Aquí es dónde la historia de Joe da un giro inesperado.

"Estaba tan furioso de que me tocaran bocina, que puse la palanca de cambio en neutro y salí de mi automóvil casi arrancando la manija de la puerta", dijo Joe. "Salí corriendo al auto de atrás, tomé al hombre por su camisa y le sacudí la cabeza por medio de la ventanilla abierta. Luego le dejé saber lo que pensaba acerca de él. Todo el tiempo mientras le gritaba al conductor hacía lo que podía para evitar pegarle".

Cuando a Joe se le acabaron las palabras profanas y pensó que ya había logrado su punto, regresó a su auto y una gran culpa y vergüenza le inundaron. "Sentí como si otra persona hubiese estado gritando esas palabras", dijo Joe. " '¿Quién era ese loco maniático?' pensé para mí. '¿Qué clase de testimonio del amor de Cristo le presenté a ese hombre?' Luego recordé la calcomanía que mi esposa había puesto recientemente en nuestros dos automóviles, 'Toca bocina si amas a Jesús.' Caí en un pozo de vergüenza y depresión hasta llegar a casa".

Joe dijo que se había enojado tanto con su esposa que tenía miedo de lastimarla físicamente. Cuando su hijo de dos años de edad se despertaba llorando en la noche, Joe tenía que irse de la casa y salir a caminar; de lo contrario, él temía de hacerle daño a su propio hijo. "Oré y oré para deshacerme del enojo", confesaba Joe. "Me arrepentí de ello. Lo odiaba. Le dije a Dios que haría cualquier cosa para deshacerme de él, pero nada parecía funcionar. Está arruinando mi matrimonio y mi vida".

Joe estaba claramente exasperado, y sentía lástima por él. Le sugerí a Joe y a su esposa que oráramos y le pidiéramos al Espíritu Santo que revelara la raíz de esa ira en su vida. Joe estuvo de acuerdo, así que comenzamos a orar. Simplemente le dijimos al Señor que le mostrara a Joe cualquier cosa pertinente a su ira y esperamos quietamente. Después de unos minutos le pregunté a Joe si el Señor le había mostrado algo.

"No", me respondió, "nada pertinente".

"¿Qué te vino a la mente", le pregunté.

"Solo una experiencia tonta que tuve varios años atrás cuando era un niño", dijo. "De hecho, creí haberla olvidado hasta ahora, pero no tiene nada que ver con mi vida actual".

Le animé a Joe a contar su experiencia, pero él insistía en que no era pertinente. Finalmente le dije: "Le pedimos al Espíritu Santo que revelara cualquier cosa que fuese importante, y esta experiencia fue lo único que vino a tu mente. Así que por qué no confiamos en que Dios te estaba recordando esa experiencia por alguna razón, y que tal vez descubramos que es relevante".

He descubierto que muchas veces, cuando la gente es profundamente herida por la impartición del mensaje del diablo de identidad y propósito, especialmente por parte de padres y otros individuos influyentes, el dolor es tan grande que lo entierran tan profundo en el ser que nunca llegan a tratar con él. Como el dolor es tan intenso, la gente puede bloquear por completo experiencias claves en su memoria, y cuando esos recuerdos salen a la superficie, los individuos están completamente desconectados con el dolor emocional que trajo ese evento.

Como resultado, la gente a menudo dice cosas como: "Ya traté con eso", o "Perdoné a mi padre hace mucho tiempo atrás por eso", o "Eso ya no me duele". Los cristianos incluso dicen: "He puesto eso bajo la sangre de Jesús. Él quitó toda esa carga". Sin embargo, muchas veces no le han soltado ese dolor al Señor sino que lo enterraron bien profundo.

La verdad es que todavía hay una herida que nunca sanó sino que fue recubierta así como una ostra cubre un grano de arena. El profeta Isaías describió este estado cuando escribió: "Desde la planta del pie hasta la cabeza no hay en él cosa sana, sino herida, hinchazón y podrida llaga; no están curadas, ni vendadas, ni suavizadas con aceite" (Isaías 1:6).

Imagínese que usted ha sufrido una laceración física en su brazo. Y que en vez de limpiarlo y curar la herida, usted la dejó abierto para que se llenara de toda clase de tierra. Después de un tiempo, la herida parece comenzar a cicatrizar y a sanarse, pero por debajo de la capa externa hay una reserva de pus infecciosa. En ese tipo de situación, cada vez que se le aplica presión a la herida, el pus infeccioso sale del cuerpo. Eventualmente, para que la sanidad verdadera ocurra, alguien tiene que abrir la herida, irrigar la infección, limpiar la herida y volverla a cerrar.

Esta es la ilustración que Isaías nos da en cuanto al hombre interior. Cuando alguien fue herido espiritual y emocionalmente, una limpieza espiritual debe ocurrir. Si no ocurre, esa persona puede andar toda su vida con "infecciones" espirituales o emocionales severas causadas por las heridas profundas que nunca fueron "curadas, ni vendadas, ni suavizadas con aceite".

Ese era el caso de Joe. Finalmente estuvo de acuerdo de contarnos la experiencia de su niñez que había venido a su mente mientras orábamos, aunque siguió insistiendo en que no era relevante. Dijo que era tan insignificante que ni siquiera lo había recordado hasta ese entonces y que, además, no le lastimaba porque había perdonado a su padre varios años atrás.

Joe dijo que un viernes por la noche cuando él tenía ocho años de edad le dejaron traer a dos de sus amigos para pasar la noche en su casa. Estaba contento por eso y hacía tiempo que no veía la hora de que este evento ocurriera. El día finalmente llegó. Los tres muchachitos podían quedarse despiertos hasta más tarde que de costumbre, comer palomitas de maíz, y ver películas de terror. Estaban pasando el mejor momento de sus vidas y finalmente se durmieron como a la una de la mañana. Cuando Joe se despertó la mañana siguiente, descubrió algo horroroso que había ocurrido durante la noche. Había mojado su cama. No quería que sus amigos descubrieran el accidente, así que rápidamente desarmó la cama y escondió las sábanas y el cobertor.

Sin embargo, la madre de Joe encontró las sábanas y descubrió lo que sucedió. Ella le dejó saber lo acontecido al padre de Joe. A Él le pareció que un momento oportuno para disciplinar a Joe sería en la mesa a la hora del desayuno y delante de sus amigos y el resto de la familia. No solo el padre de Joe expuso lo que había sucedido, sino que también comenzó a ridiculizarlo en frente de sus amigos. Lo llamo "moja cama" y le dijo que le iba a tener que comprar un gran pañal para que usara. El padre de Joe le dejó saber lo desilusionado que estaba de tener un hijo de ocho años que todavía mojaba su cama. Después de degradar a su hijo, el padre de Joe le bajó los pantalones, lo puso sobre sus rodillas y le dio una gran nalgada delante de todos en la mesa y delante de sus amigos.

Después de tanta humillación, Joe dijo que simplemente quería hundirse por el piso y desaparecer. En ese momento deseaba matar a su padre, y de haber tenido los medios, seguramente lo hubiese hecho. "Pero eso no me importa más y ni siquiera recordé eso por más de treinta años", nos dijo Joe.

Dándome cuenta de que Joe seguramente tenía problemas emocionales acumulados dentro, le pregunté si quería decirle a Jesús en oración cómo se sentía mientras su padre lo ridiculizaba e humillaba delante de sus amigos esa mañana muchos años atrás. Estuvo de acuerdo. Inclinamos nuestros rostros y cerramos los ojos para orar, y esperé a que Joe comenzara a hablarle al Señor en oración. Pero después de unos noventa segundos todavía no había dicho nada. Pensé que tal vez Joe no había entendido que tenía que orar en voz alta, así que le invité una vez más diciendo: "Adelante, dile al Señor cómo te sentiste esa mañana".

De repente, Joe estalló en lágrimas, y treinta años de dolor acumulado, resentimiento y enojo salieron durante los siguientes quince minutos. Él lloró, lloró y lloró mientras que la herida cubierta era finalmente curada. Pude entonces mostrarle a Joe cómo Satanás había usado a su padre inconscientemente para impartir su mensaje de identidad y destino en Joe cuando él era pequeño. El mensaje de Satanás era: "No eres más que un moja colchones. Hay algo inherentemente mal contigo. No importa cuánto lo intentes, nunca tendrás éxito en nada en la vida. Eres una vergüenza para tu familia y una vergüenza para Dios".

Después de haberle liberado de toda la infecciosa pus emocional de su herida interna, Joe estaba entonces listo para perdonar a su padre desde su corazón y luego ir a Dios, su Padre celestial, y pedirle que le revelara la verdad de quién Joe verdaderamente era y por qué estaba aquí. Durante toda la vida de Joe Dios había querido impartirle su mensaje de identidad y destino, pero el mensaje del diablo ya estaba fuertemente establecido en lo profundo de su ser. Hasta ese momento, Joe no podía recibir la opinión de Dios sobre él. Como resultado, a pesar de que Joe tenía casi cuarenta años, en el ámbito emocional aún era un muchachito de ocho años de edad temeroso e inseguro.

Ese día, finalmente, el corcho se destapó y toda la ira y el dolor de la humillación del muchachito de ocho años de edad fueron desatados. Por primera vez, estaba listo para poder recibir el mensaje de la identidad y destino de Dios y ser el hombre que Dios le hizo que fuera sin sentirse como un moja colchones. La vida completa de Joe fue cambiada ese día. Más tarde dijo que era como si hubiese vivido toda su vida en blanco y negro, y que ese día descubrió un mundo a color.

Es fácil ver cómo Satanás usó al padre de Joe para impartir su mensaje de identidad y destino. El papá de Joe no tenía ni idea del impacto que esa experiencia tendría en la vida de Joe en los años venideros; él solo trataba de disciplinar a su hijo. El papá de Joe no tenía idea de la bendición ni de la maldición o del mensaje de identidad y destino de Dios contra el de Satanás. De manera consecuente, y sin intención él entregó un mensaje que creó una imagen interior en lo profundo del corazón de Joe que causó que pasara muchos años de su vida adulta sintiéndose tratando de superar sentimientos de inutilidad y fracaso.

La Biblia no dice: "Mi pueblo fue destruido, porque le faltó conocimiento" (Oseas 4:6). El padre de Joe no lastimó intencionalmente a su hijo; él simplemente no sabía cómo darle a su hijo el mensaje de Dios en vez de el de Satanás. Sin darse cuenta, el padre de Joe maldijo a su hijo en vez de bendecirlo.

EL PODER DE LA BENDICIÓN PATERNAL

Para muchas personas que nunca fueron bendecidas, el anhelo de serlo nunca se va. Un amigo cercano me contó un poderoso ejemplo de lo transformador que puede ser una bendición paternal, a cualquier edad. Mi amigo Pablo estaba muy triste cuando su padre le dijo que su madre, quien había estado viviendo fuera del hogar por nueve meses, estaba buscando el divorcio.

Mientras Pablo consideraba lo que podía hacer o cómo podía orar para ayudar a sus padres, un extraño pensamiento vino a su mente. Él había experimentado recientemente un poderoso cambio en la vida de su hijo de veintiún años, José, quien había estado sin rumbo e indeciso. José no podía decidir si se inscribía en el seminario, en la universidad o se conseguía un trabajo. De manera consecuente, estaba sentado en la casa si hacer nada. Pablo me dijo que cuando miraba lo ojos de su hijo de veintiún años, veía a un muchachito miedoso que no sabía qué hacer y tenía temor de tomar una decisión.

En ese momento Pablo y su esposa asistieron al evento "Ancient Paths" y se dieron cuenta de que probablemente la razón por la que su hijo no tenía rumbo era porque nunca había sido bendecido por su padre y lanzado a su identidad de adulto. Por consiguiente, él todavía estaba atado a su madre como un pequeño niño espiritual y emocionalmente.

Después de que asistieron al evento de "Ancient Paths", Pablo y su esposa hicieron los arreglos para una ceremonia de bendición para su hijo. Pablo me dijo que, inmediatamente después de la ceremonia, cuando miró a los ojos de su hijo, por primera vez pudo ver a un hombre de veintiún años seguro mirándole en vez de a un muchachito miedoso. El cordón umbilical espiritual y emocional que ataba a José a su madre había sido cortado literalmente, y poco después, él se inscribió en la universidad y comenzó una carrera de la que estaba seguro a la que Dios le había llamado.

Ahora al recibir la noticia del posible divorcio de sus padres, Pablo tuvo un extraño pensamiento que se le vino a la mente. Tal vez la profunda necesidad en el corazón de su propio padre era ser bendecido por su padre. Pablo recordó mirar a los ojos de su padre de sesenta y cuatro años y ver la misma mirada de muchachito miedoso que él vio en su hijo de veintiún años. De repente se dio cuenta de que su padre, Luis, nunca había sido bendecido por su propio padre y que a la edad de sesenta y cuatro todavía estaba atado emocionalmente a su madre como un niño pequeño. La razón por la que Luis había tenido problemas en su relación con su esposa fue porque él nunca había dejado emocionalmente a su "padre y a su madre" para adecuadamente "unirse a su mujer" (Génesis 2:24).

Armado con este entendimiento, Pablo llamó a su abuelo de ochenta y siete años, quien todavía vivía en el país de origen de su familia. El abuelo estaba bastante sorprendido cuando Pablo trató de explicar su solicitud de que en el cumpleaños sesenta y cinco de Luis, que él impartiera su bendición sobre su hijo y lo lanzara para que fuera un hombre. El abuelo exclamó, "¿Quieres que yo haga qué? Mi hijo está celebrando su cumpleaños sesenta y cinco. Si ya no es un hombre, nunca lo será". Sin embargo, Pablo era insistente y el abuelo finalmente estuvo de acuerdo en venir.

Cuando el abuelo llegó, Pablo explicó el poder de la bendición paternal, una llave que él sostenía como padre para pasársela a su hijo para que este prosperase. Pablo explicó que Luis había estado atado emocionalmente a su madre desde pequeño, con el clamor de Esaú

"Bendíceme también a mí, padre mío" (Génesis 27:38), todavía en su corazón a la edad de sesenta y cinco. El abuelo aún no comprendía todo completamente pero estuvo de acuerdo en bendecir a su hijo Luis en su cumpleaños.

Cuando llegó el día de la ceremonia, después de un tiempo de adoración, el abuelo y Luis se sentaron enfrentados uno al otro. El abuelo primeramente intentó decirle a su hijo, "te amo", pero solo pudo pronunciar un par de sílabas antes de estallar en llanto. Luis, de inmediato, se emocionó también, y lo único que los dos hombres podían hacer por los siguientes diez minutos era sentarse y llorar. Cuando el abuelo intentó decirle nuevamente que le amaba, los dos volvieron a llorar. Por fin, la tercera vez, el abuelo pudo decirle a su hijo que lo amaba mucho y lo orgulloso que estaba de él. Le dijo a Luis que era muy exitoso porque sus tres hijos amaban al Señor y se habían casado con esposas que amaban a Dios y porque todos los nietos de Luis servían a Jesús.

El abuelo le preguntó: "Hijo, ¿recuerdas cuando tenías quince años?". Cuando su padre le hizo esa pregunta, Luis comenzó a soltar una gran descarga de dolor emocional. Sí, Luis recordaba cuando tenía quince años. Lo que nadie más sabía era que Luis y su padre habían tenido una gran discusión que se volvió física. Ese día el padre de Luis le gritó cosas horribles a su hijo. Le dijo a Luis de que era un inservible y físicamente lo echó fuera de la casa. Le dijo que lo odiaba y que deseaba no ver más al inservible de su hijo.

Luis, por supuesto, se había puesto igual de furioso y le dijo cosas horribles a su padre. Le dijo a su padre que le odiaba y que no iba a volver a verle jamás. Dejó su casa en rebeldía a los quince años para comenzar su vida como adulto. Esta no era, obviamente, la bendición que Luis necesitaba para ser propulsado hacia su identidad de adulto.

Luis y su padre se habían reconciliado desde aquel entonces, pero en cincuenta años nunca habían hablado de ese evento. Cuando el padre de Luis sacó el asunto, sus palabras revolvieron cincuenta años de amargura, odio y resentimiento e ira que habían estado en el corazón de Luis. Unos años atrás había perdonado a su padre, pero su corazón no había soltado el dolor y no había perdonado verdaderamente a su padre ni se había arrepentido de la amargura, deshonra y rebeldía que había en su corazón para con su padre.

Ahora, cincuenta años después, cuando su padre curó la herida infecciosa, Luis estalló en un profundo llanto. Luis enterró su rostro en el pecho de su padre mientras su padre también lloraba. Cuando los sollozos del abuelo mermaron lo suficiente como para poder hablar, le susurró a Luis: "Hijo, lo siento mucho. Estuve muy mal aquel día. Por favor perdóname. Me enojé, dije cosas que no quise decir y te maldije en vez de bendecirte. Por favor, perdóname. ¡Te amo!". Estas palabras solo intensificaban el llanto de su hijo.

Cuando Luis finalmente dejó de llorar, su padre le miró a los ojos y le dijo: "Hijo, te amo. Estuve equivocado. ¿Me perdonas por las palabras que te dije y por la manera como te traté en general cuando crecías y específicamente por el día en que te fuiste de casa?". Luis respondió: "Sí papá, te perdono. Te amo. Yo también estaba equivocado en mi actitud y en las palabras que dije. ¿Me perdonas?".

El abuelo respondió: "Sí, por supuesto. Te amo, hijo. Y hoy pronuncio sobre ti las palabras que debí haber dicho cincuenta años atrás. Hijo, estoy orgulloso de ti. No eres un niñito tonto. Tú eres un hombre. Hoy te bendigo. Te corto espiritual y emocionalmente de tu madre y te doy mi bendición para lanzarte a tu identidad de adulto como un hombre. Ve y haz todo lo que Dios te ha llamado a hacer".

Mientras Pablo me contaba su historia, me dijo que algo sobrenatural ocurrió en el corazón de su padre, Luis, el día que recibió la bendición de su padre. Pablo dijo que después de la ceremonia de bendición, cuando miró a los ojos de su padre, veía a un hombre audaz y seguro de sesenta y cinco años que ahora tenía paz. Luis ya no era ese muchachito temeroso, y podía verse.

La sanidad sobrenatural que se llevó a cabo en el corazón de Luis ese día fue tan profunda que dos semanas después la madre de Pablo canceló los planes de divorcio y se mudó de vuelta al hogar. Ella dijo: "No sé lo que le ocurrió a mi esposo, pero finalmente obtuve al hombre con el que me casé. Por los últimos cuarenta y cinco años he estado tratando de seguir a un muchachito enojado que no sabía dónde iba y que a menudo me culpaba a mí por sus propias fallas y frustraciones. De alguna manera, el temor, la ira, la frustración y la culpa desaparecieron. Este es el hombre del que me enamoré cuarenta y cinco años atrás. No me quiero divorciar de él. Lo amo y quiero vivir el resto de mi vida con él".

Luis y su esposa pasaron los siguientes meses compartiendo una nueva luna de miel. Pasaron muchos años más prosperando en su negocio y dedicando parte de su tiempo a ayudar a otros matrimonios en su ciudad. Luis luego le dijo a Pablo: "No tenía idea de que mi corazón había estado anhelando esta bendición por más de cuarenta y cinco años. Sabía que sería bueno ver a mi padre, pero no tenía idea de que su bendición fuera clave para cambiar la imagen y experiencia tanto de mí mismo como de mi vida".

Pablo también le habló a su abuelo después de la ceremonia. El abuelo le dijo: "Si hubiera sabido que en mi bendición como padre está la llave que abriría un futuro de prosperidad para mi hijo, la hubiera usado décadas atrás. Solo lamento que hice este descubrimiento tan tarde en la vida de mi hijo y que hizo falta que mi nieto me motivara a hacer lo que debería de haber hecho décadas atrás".

En esta historia vemos el poder de la bendición paternal. Sin darse cuenta, Luis había estado esperando durante su vida adulta recibir la bendición de su padre. No tener esta bendición tuvo un impacto negativo en su matrimonio y en su sentido personal de valor y propósito. Las dos razones principales por las que el padre de Luis nunca le bendijo son las mismas razones por las que muchos de nosotros no bendecimos a nuestros hijos e hijas. La primera razón es la falta de conocimiento. Nadie nos enseñó el poder de una bendición paternal para poder propulsar a nuestros hijos a un futuro de prosperidad, o para impedirlo.

La segunda razón es la falta de experiencia. Es muy difícil dar algo que nunca recibimos. Si nuestros propios padres no sabían ni experimentaron la bendición mientras crecían, no pudieron bendecirnos en tiempos críticos en la vida ni criarnos en una cultura y estilo de vida de bendición. Como consecuencia, nos es muy difícil a muchos de nosotros que ahora somos padres impartirles bendición a nuestros hijos. Como Luis, nosotros como adultos estamos clamando como lo hizo Esaú, "Bendíceme también a mí, padre mío". Usted puede cambiar ese patrón y dejar un nuevo legado para las siguientes generaciones creando una cultura familiar de bendición.

Capítulo 2

CREAR UNA CULTURA DE BENDICIÓN FAMILIAR

CREO QUE EL plan de Dios para cada niño es recibir más de una vez la bendición en su vida por parte de sus padres. Dios desea que los niños crezcan en una cultura de bendición. Tal vez usted se pregunte qué exactamente es una cultura de bendición. Esto es simplemente un ambiente en el que los miembros de la familia expresan, los unos a otros, el mensaje de valor de Dios en lugar del mensaje de inutilidad de Satanás. En una cultura de bendición, los miembros de la familia derraman con regularidad el líquido azul fertilizante en vez del ácido hidroclórico en las vidas de cada uno. Ellos desean que cada uno prospere.

Nadie podrá hacer esto ciento por ciento del tiempo. Sin embargo, en una familia que bendice cuando alguien, de manera inadvertida o inintencionadamente maldice la identidad de otro miembro familiar, tan pronto se reconoce la ofensa, esa persona se arrepiente y enmienda las cosas. En una cultura de bendición, los miembros se responsabilizan por mantenerse como agentes de bendición de Dios.

Muchos grupos de personas alrededor del mundo practican costumbres, ceremonias y tradiciones que naturalmente producen una cultura general de bendición. Dios le dio al pueblo judío una hermosa tradición familiar de bendición que se practica hasta el día de hoy. Estoy hablando de la tradición de reunir a la familia cada semana los viernes por la noche (*Erev Shabbat* en hebreo) para una comida especial y la pronunciación de una bendición. (Con los calendarios ocupados de la mayoría de las familias modernas, reunir a todos para una cena sería un milagro en sí mismo.)

Cada semana a esta hora, el padre judío ora una bendición sobre su esposa. Luego pronuncia una bendición sobre cada uno de sus hijos.

En muchas familias judías, el padre también proclama visión y prosperidad sobre sus hijos y, por ende, crea en sus hijos una expectativa de éxito futuro. Al hacer esto, ese tipo de padre, ya sea que lo sepa o no, está impartiendo la imagen e identidad de Dios en los corazones y las mentes de sus hijos. En muchas familias judías que practican esta tradición, las palabras de bendición que dice el padre sobre sus hijos son proféticas y en la edad adulta los hijos cumplen exactamente lo que el padre les profetizaba semana tras semana.

¿Por qué pensaría esta persona judía "Yo debería ser el dueño del banco", mientras que el cristiano piensa "Yo debo trabajar en el banco"? Creo que muchas veces esto es porque la visión fue impartida semana tras semana por medio de una bendición paternal. Mientras que el joven cristiano piensa "Espero poder obtener un trabajo en el estudio de películas", el joven judío piensa "Yo debería ser el dueño de este estudio de películas", o "Yo debería ser el mejor director de todos los tiempos". Es el poder de la visión impartida por medio de la bendición paternal.

También he observado que en algunas familias cristianas, porque no hay tradición regular de bendición, los hijos primeramente oyen palabras de corrección y criticismo de sus padres. A veces, esas palabras, inadvertidamente, imparten la visión de la imagen de Satanás en vez de la de Dios. La mayoría de los padres están ciegos al poder que sus palabras y acciones tienen para bendecir o maldecir a sus hijos.

Por ejemplo, un padre puede decirle a su hija de quince años: "No vas a salir de casa con esa ropa. Esa camisa está muy corta y el pantalón muy apretado. Muestras demasiada piel. ¡Pareces una prostituta! Si te sigues vistiendo así y pasando tiempo con tus amigos actuales seguramente quedarás embarazada en un año".

Esa clase de palabras pueden probar ser proféticas, y los hijos llegar a cumplir exactamente lo que los padres les declararon. Yo no creo que Dios quiso que los judíos tuvieran un monopolio sobre la bendición familiar semanal de sus hijos. Cada uno de nosotros puede implementar esta tradición en nuestras familias. Si usted quiere ser ejemplo de un padre bendiciendo a su hijo, visite mi canal de YouTube en CraigHill3 y haga clic en el vídeo "Speak Blessing Over Your Children" [Declare una bendición sobre sus hijos].

Control frente a la autoridad

Mientras que es importante establecer un tiempo específico de bendición, ya sea mediante una comida semanal, es también importante establecer una atmósfera de bendición y no de maldición en el hogar. Para lograr esto, los padres deben aprender a separar la identidad de los hijos de las de su comportamiento. Esto es particularmente importante cuando la necesidad de la disciplina acontezca.

Recuerdo uno de las primeras ocasiones en las que el Señor me mostró que estaba a punto de maldecir a mi hijo en vez de bendecirlo cuando debía impartir la disciplina. Mi hijo más joven, Jonathan, tenía cuatro años de edad y yo estaba en mi primer año como pastor. Después de un maravilloso servicio, caminé a la entrada y allí estaba Jonathan parado al lado de su maestra de escuela dominical.

Ella me saludó y me dijo, "Pastor, tuvimos un pequeño problema con Jonathan en la clase de esta mañana. Le pedí que hiciera algo y me dijo que no. Le pedí nuevamente, pero me dijo otra vez que no, pero luego me dijo una obscenidad. Atendimos el problema en clase, pero pensé que usted como padre quisiera saberlo".

Sentí cómo mi rostro se ruborizaba. Pensaba: "¿Cómo me puede haber hecho esto a mí? La maestra seguramente piensa que es así como hablamos en la casa". Luego, de inmediato, pensé en la escritura que se encuentra en Timoteo 3:5, un pasaje que habla sobre los requisitos de los ancianos y ministros. Dice: "Pues el que no sabe gobernar su propia casa, ¿cómo cuidará de la iglesia de Dios?". Pensé: "¡Mi ministerio se acabó! Mi hijo está descontrolado y debo renunciar".

Sentí una gran vergüenza y culpa, y luego una gran ira. Pensé: "Voy a darle una nalgada a Jonathan aquí mismo y le mostraré a la maestra que soy un buen padre y que creo que esto es muy serio". Pero mientras me acerqué a Jonathan, el Espíritu Santo me detuvo y me dijo: "¿Qué haces?"

"Estoy disciplinando a mi hijo", respondí.

"No, claro que no. Estás a punto de convertirte en el agente de Satanás y maldecir su identidad".

"¿Qué?", respondí. "No, Jonathan hizo algo malo y necesita ser disciplinado. Y como padre, yo soy el agente designado y el ungido para impartir la disciplina".

El Señor luego me dijo: "Eso es verdad, pero en este momento en particular estás descalificado".

"¿Descalificado? ¿Por qué?", argumenté.

El Señor me recordó de Mateo 7:3 que, básicamente, dice que antes de tratar de remover la paja del ojo ajeno uno debe removerse su propia viga. El Señor luego me dijo: "Tienes una viga tan grande en tu ojo que no puedes ver claramente para poder remover la paja del ojo de tu hijo. No quieres disciplinarlo para su propio beneficio. Tu corazón está lleno de ira y solo quieres disciplinarlo para justificarte a ti mismo delante de los ojos de la maestra y para descargarte la ira que tienes contra él por haberte avergonzado".

El Señor continuó diciéndome: "Como te sientes fracasado como padre, vas a depositar toda tu frustración en tu niño y, por medio de tu ira, lo harás sentir peor de lo que te sientes ahora. Estás a punto de impartirle a tu hijo el mensaje de Satanás. El mensaje antievangelístico de Satanás conecta el valor con el desempeño, mientras que el evangelio desconecta el valor del desempeño.

"El mensaje antievangelístico de Satanás dice: 'Si obedeces y haces lo correcto, te amaré, te valoraré y te bendeciré'. Tú estabas a punto de maldecir la identidad de tu hijo porque usó una palabra obscena y te avergonzó".

El Señor continuó diciéndome: "Mi evangelio dice esto, 'Si obedeces y haces lo correcto, te amaré, te valoraré y te disciplinaré. Sin embargo, si me desobedeces y haces lo incorrecto, aún te amaré, te valoraré y te bendeciré. Pero también disciplinaré tu comportamiento con una consecuencia según tu errónea decisión. Pero mi amor y valor nunca cambiarán a pesar de lo que hagas'. Este es el mensaje que quiero que le des a tu hijo".

Esta fue una sorprendente revelación para mí y no comprendía lo que sucedía en mi corazón. Le pregunté al Señor: "¿Por qué estoy tan avergonzado y enojado con Jonathan?"

De manera inmediata le oí decir: "Hijo, esto es porque aún no crees que te amo y que tu valor ante mis ojos no depende de tu desempeño. Tienes que hacer todo perfecto para sentirte valioso, y ahora has extendido esa misma mentira a tu hijo. Si el peca o comete un error, entonces te sientes como un padre que no vale nada y le echas la culpa a él por desacreditarte. Pero en realidad tu bienestar emocional no depende del comportamiento de tu hijo de cuatro años.

"La responsabilidad por el bienestar emocional de otra persona sería una gran carga para depositarla en un adulto, pero hacer sentir a un niño de cuatro años responsable por tu bienestar emocional es completamente injusto para él. Si él se comporta correctamente, tú te sientes valioso y bien. Pero si el se comporta mal, tú te sientes fracasado y enojado, por lo tanto lo culpas a él por esos sentimientos, maldices su identidad y lo haces sentir peor que lo que tú te sientes. Al hacer esto, te conviertes en un agente de Satanás que le lleva el mensaje antievangelístico a tu hijo".

¡Qué revelación! En vez de continuar con mi plan original, le dije a Jonathan que le hablaría cuando llegáramos a casa. Después de pasar una hora con el Señor para llegar a la raíz de mi propia inhabilidad de sentirme valioso cuando mi hijo había pecado, finalmente le pude decir a Jonathan que lo amaba y que a pesar de que había hecho algo malo, que él todavía era igual de valioso para mí y que mi amor por él no había cambiado. Luego puede disciplinarlo sin enojo por haberle faltado el respeto a su maestra. Pude utilizar un respetuoso tono de voz y bendecir su espíritu aun mientras lo disciplinaba. Por lo que sé, nunca más le faltó el respeto de esa manera a la maestra.

Cuando la identidad y el comportamiento se fusionan en la mente del padre, el padre pensará que bendecir a sus hijos cuando este se comporta mal es lo mismo a apañar su comportamiento. De manera consecuente, tratando de disciplinar al hijo o a la hija, el padre maldecirá la identidad del niño. ¿Acaso está bien bendecir a un niño rebelde o que se comporta mal? ¡Claro que sí! La bendición debe declarársele por lo que el niño es, no por lo que hace.

Muchas veces, la razón principal de la raíz de rebeldía de los adolescentes es la falta de la bendición paternal. "Dios desea que bendigamos a la persona y disciplinemos su comportamiento".

Estoy agradecido de que Dios puede separar nuestro comportamiento de nuestra identidad y de que no basa su amor por nosotros en lo que hacemos. La Biblia nos dice: "Mas Dios demuestra su amor para con nosotros, en que siendo aun pecadores, Cristo murió por nosotros" (Romanos 5:8).

No puedo pensar en ninguna mayor bendición ni confirmación del amor que el morir por otra persona. El hecho de que Jesús haya muerto por usted y haya demostrado su aceptación por usted mientras usted aún se rebelaba contra Él no implica que Él además apruebe su comportamiento pecaminoso. Él separó quién usted es (identidad) de lo que usted hace (comportamiento). De esta manera, Dios puede bendecirle a pesar de que no apañe lo que usted haga.

Cuando los padres no separan la identidad del comportamiento caen en la trampa ya sea de apañar el comportamiento erróneo mientras tratan de bendecir al hijo o de maldecir la identidad del niño cuando tratan de impartir la disciplina. Cuando esto sucede, el padre estará más propenso a llevar a la familia según el sistema de gobierno del diablo en ves del de Dios. Satanás usa un sistema de gobernación basado en el control. Dios, por otro lado, gobierna por medio del ejercicio de la autoridad. Permítame definir estos términos como los uso aquí.

1. El control implica usar el poder de manipulación del alma para forzar (intimidar o amenazar) a otros a hacer su voluntad.
2. Ejercitar la autoridad implica honrar la persona y la voluntad de otros ofreciéndoles opciones que traen consecuencias.

Mientras que el control no honra o a menudo ni siquiera reconoce el libre albedrío de los demás, ejercitar la autoridad honra, constantemente, las elecciones de las personas mientras que, consistentemente, aplica consecuencias para cada una de sus elecciones equivocadas. Dios siempre ha honrado las elecciones de las personas. Él nunca le obligó a nadie a recibir a Jesucristo. Él ofrece consecuencias con las opciones. Por ejemplo, Él tal vez le ofrezca a usted la siguiente opción: a) reciba a Jesucristo y viva en su presencia por la eternidad, o b) rechace a Jesucristo y viva separado de Él, en el infierno, por la eternidad. Él le implora que usted escoja la opción "A", dado que sería mucho mejor para usted, pero la decisión es suya.

En Deuteronomio 30:19 Dios dijo: "A los cielos y a la tierra llamo por testigos hoy contra vosotros; escoge, pues, la vida, para que vivas tú y tu descendencia" (énfasis añadido). Nuevamente, vemos a

Dios ofreciendo opciones con consecuencias. Creo que su intención es que nosotros gobernemos sobre nuestros hijos de la misma manera como Él nos gobierna a nosotros. Lamentablemente, en sus experiencias mientras crecían, la mayoría de los padres solo han conocido el sistema del control. Sus padres les controlaban y ellos usaron el mismo método con sus hijos. Es probable de que no se den cuenta de que el sistema de control de Satanás fomenta un ambiente de maldición. El sistema de autoridad de Dios, por otro lado, fomenta un ambiente de bendición.

Para muchos padres el tiempo más difícil para ejemplificar una cultura de bendición es cuando sus hijos son rebeldes y desobedientes. Es fácil bendecir a aquellos que hacen lo que usted quiere. Es mucho más difícil bendecir a un niño que se resiste a la autoridad paternal, que es testarudo y rebelde. Como resultado, muchos padres terminan maldiciendo la identidad de sus hijos durante los tiempos de disciplina, sin darse cuenta.

TRES COMPONENTES CRÍTICOS DE LA DISCIPLINA

Muchos años atrás aprendí que para poder crear una cultura de disciplina y separar la identidad del comportamiento cuando se trata con los hijos yo debía implementar uno de los tres componentes de la gobernación familiar presentado en Proverbios 6:23. Las Escrituras nos dicen, "Porque el mandamiento es lámpara, y la enseñanza es luz, y camino de vida las reprensiones que te instruyen". Así que vemos que los tres componentes de la disciplina son:

1. Un mandamiento
2. Una enseñanza
3. Una reprimenda

El primer componente—el mandamiento—es asegurarme que le haya explicado claramente a mi hijo lo que se espera de él. Si disciplino a mi hijo por algo que nunca le dije que debía hacer, eso lastimará su corazón y creará confusión. Así que el primer paso es decir claramente lo que se requiere del niño.

En segundo lugar aparece la enseñanza. Es importante explicarle al niño, con un lenguaje apropiado para su edad, por qué esta regla es importante. Si usted le da una orden a su hijo sin explicarle por qué existe, su hijo solo aprenderá a obedecer cuando usted está alrededor para aplicar la consecuencia. Pero si un hijo aprende la sabiduría detrás del mandamiento, él puede escoger obedecerle no porque le tema al castigo sino porque comprende el propósito de la restricción.

El tercer componente es la reprimenda. Esta es la aplicación de una consecuencia cuando el mandamiento es violado. Recuerde, Dios gobierna ofreciendo opciones con consecuencias. La reprimenda es esa consecuencia. Si un padre nunca establece ni aplica una consecuencia cuando se viola un mandamiento, ejecuta la orden de que no hay efectos en las vidas de sus hijos y les enseña que la orden del padre no significa nada.

Muchos padres fallan en separar la identidad del comportamiento y bendecir a sus hijos cuando disciplinan (por lo tanto disciplinándolos en ira) por tres prácticas razones. Algunos nunca aprendieron el sistema de gobierno de Dios. Otros comprenden el sistema, pero fallan en cuando a determinar, por adelantado, qué decisiones deben quedar a discreción del hijo y cuáles otros requieren límites con consecuencias en efecto. Por otro lado, algunos padres establecen límites para sus hijos y les enseñan el propósito para los mismos, pero erróneamente asumen que sus hijos obedecerán naturalmente.

La naturaleza humana, desafortunadamente, es probar los límites establecidos. Así que si los padres no planifican por adelantado dónde establecer esos límites y qué consecuencias aplicarles cuando, no si acaso, sus hijos prueban los límites y violan la orden, se quedan perdidos tratando de ver qué hacer.

Cuando los padres no han considerado qué consecuencias aplicar cuando un hijo viola un límite, es muy fácil de que caigan en el plan de gobernación de Satanás, maldiciendo la identidad del niño en un intento para controlar su comportamiento. Esto luego resulta en candentes intercambios emocionales, especialmente en los adolescentes, y sirve para crear un ambiente de maldición en lugar de uno de bendición. Esto ha llevado a grandes daños emocionales en muchas familias, tanto con padres como con hijos básicamente tratando de tolerarse unos a otros. En algunos casos más severos, este daño lleva a un profundo desagrado u odio. Permítame darle un ejemplo.

SACA LA BASURA

Emily era una frustrada madre que parecía que nunca podía hacer que su hija de diecisiete años hiciera las tareas. La hija de Emily, Cathy, era responsable por recoger la basura los martes por la noche y dejarla afuera para que se recolectara temprano el miércoles por la mañana. Aun así, semana tras semana llegaba el martes y Cathy estaba en un cuarto en pijamas enviando mensajes de texto a sus amigos, o hablando con ellas en Facebook y la basura no era llevada afuera.

Emily le recordaba a su hija de su responsabilidad, y Cathy prometía sacarla por la mañana antes de ir a la escuela, pero Emily insistía en que la sacara en ese entonces. "No", decía Emily. "Has dicho antes de que la sacarías en la mañana, pero luego nos perdemos la recolección de basura porque no te levantas temprano. Luego nos llenamos de bolsas de basuras olorosas por otra semana. Por favor levántate y saca la basura".

Cathy luego prometía otra vez de que haría esa tarea antes de la escuela al siguiente día. "No, mamá", le decía. "Pondré el despertador y la sacaré por la mañana, lo prometo".

Emily se agitaba, sabiendo de que su hija casi nunca sacaba la basura por la mañana y Cathy renegaba que ya estaba en sus pijamas. "No me vengas con 'pero, mamá'", Emily le decía con un tono que aumentaba en intensidad. "Quiero que te levantes y lo hagas ahora mismo".

Emily continuaba insistiendo y Cathy seguiría con su lista de argumentos. "Mamá, ¡eres la nazi de la basura! Tratas a todos como si fueras Hitler a cargo de un campo de concentración. No hay ninguna razón por la que no pueda hacerlo mañana por la mañana. ¿Por qué debe hacerse todo como tú deseas?".

Este intercambio ocurriría por cierto tiempo y Emily se agitaba más y más hasta que se ponía a gritarle y a quitarle todos los aparatos para que Cathy sacara la basura. Cathy salía corriendo en lágrimas, gritando que odiaba a su madre. Luego Emily se daba por rendida, diciéndole a Cathy que se aprontara para hacerlo por la mañana. Claro que Cathy se iba a quedar dormida y la basura no sería recogida.

En ese entonces Emily perdería por completo los cabales y comenzaba a gritarle a Cathy, llamándola una inservible, vaga, irresponsable y un dolor en el trasero. Cathy luego salía por la puerta diciéndole insultos a su madre. Este ciclo se repetía semana tras semana.

Sin darse cuenta, Emily se había convertido en el agente de Satanás en vez del de Dios en la vida de su hija. Había creado una cultura de insultar en su hogar en lugar de bendecir. Emily ya no sabía qué más hacer porque nadie le había enseñado el sistema de autoridad de Dios.

Emily, por fortuna, asistió a uno de nuestros eventos de "Blessing Generations" [Bendiciendo Generaciones], el cual se llevó a cabo en su iglesia. Ese fin de semana Emily sintió convicción de que había sido usada como agente de Satanás para maldecir a su hija en vez de bendecirla. Emily lloró amargamente ante el Señor a medida que recordaba todas las veces que había atacado la identidad de Cathy y llevado el mensaje de fracaso de Satanás a su hija.

Cuando Emily regresó a su casa ese sábado por la noche, le pidió a Cathy si podía hablar con ella. Después de finalizar un mensaje de texto, Cathy se reunió con su madre en la mesa de la cocina.

"Cathy", comenzó Emily con lágrimas en sus ojos, "acabo de darme cuenta este fin de semana de que te he tratado como un comandante nazi de un campo de concentración y no como una madre. Por querer tratar de que hicieras lo que yo quería, te amenacé, te obligué, te extorsioné y te grité, y te traté con gran irrespetuosidad y deshonra. Nunca supe que esto estuviera mal ni como un pecado contra ti hasta este fin de semana. No sabía de qué otra manera corregirte. ¿Puedes buscar en tu corazón la manera de perdonarme? Quiero cambiar, de veras, y ser para ti la clase de madre que Dios quiere que yo sea".

Cathy comenzó a quebrantarse, sin esperarse que su madre le dijera esas cosas. Después de sobreponerse al asombro, Cathy le dijo: "Sí, mamá. Te perdono. Nunca pensé que oiría esas palabras de ti. Toda mi vida me has tratado como si nada de lo que hago o digo está bien para ti. Esta es a primera vez que te oigo reconocer que algo que tú hiciste estuvo mal".

Durante el evento de "Blessing Generations" Emily se había dado cuenca de que ella había aprendido de su madre a nunca reconocer un error ni admitir ninguna falta. "Cathy", le dijo Emily, "ahora sé que lo que dices es verdad. Mi madre fue exactamente así conmigo. Pensé que como era tu madre que era mi trabajo obligarte a hacer que me obedecieras. Nunca me di cuenta, hasta ayer, que así es como Satanás trata a la gente, no como Dios trata a sus hijos. He estado tan equivocada en cómo te he tratado. Por favor, perdóname".

"Te perdono, mamá", le dijo Cathy. "Y yo sé que yo también he dicho cosas hirientes e irrespetuosas contra ti. ¿Me perdonas a mí también?"

Emily, llorando en voz alta ahora, se levantó de la silla y abrazó a su hija. "Claro que sí", le dijo. "Lamento mucho cómo te he tratado. ¡Te amo! Eres una maravillosa mujer de Dios con un increíble potencial. Eres inteligente, eres bella y Dios te ha equipado para que seas una líder. Yo noto cómo otros te siguen en todo lo que haces. Estoy tan orgullosa de tenerte como mi hija y te amo mucho".

Madre e hija se abrazaron por un rato más antes de que Emily regresara a la silla. Luego le dijo a Emily: "Me gustaría tomar algo de tiempo para conversar contigo sobre cómo tu padre y yo quisiéramos corregir tu comportamiento en el futuro".

"Claro, mamá", dijo Cathy.

Al día siguiente, Emily y su esposo, Kurt, le explicaron a su hija lo que habían aprendido durante el fin de semana acerca de gobernar con el sistema del ejercicio de la autoridad por parte de Dios, en vez de el sistema de control de Satanás. "Yo nunca reconocí ni honré tu voluntad", le dijo Emily a Cathy. "Te he tratado como si solo hubiese una sola voluntad aquí: "mí" voluntad. Ahora me doy cuenta de que esto está mal. De ahora en adelante te daremos tareas con opciones y consecuencias en vez de tratar de obligarte o hacerte hacer nuestra voluntad.

"Por ejemplo", agregó Kurt, "en cuanto a tu tarea de sacar la basura los martes por la noche, los dos lamentamos mucho la manera como te tratamos en el pasado. ¿Nos perdonas?"

"Sí", dijo Cathy.

"De ahora en adelante te ofreceremos una opción con una consecuencia. Entonces, ¿estás de acuerdo en que es tu responsabilidad juntar y sacar la basura para la hora en que sales a la escuela los miércoles por la mañana?"

"Sí", dijo Cathy. "Y trataré mucho mejor de hacerlo en hora".

"Grandioso", respondió Kurt. "De todos modos, ni tu madre ni yo te molestaremos al respecto. Cuándo y cómo lo haces es tu elección. Sin embargo, habrá consecuencias según lo que elijas. Puedes escoger sacar la basura para que esté a tiempo para irse los miércoles por la mañana. La consecuencia de esa elección es que todos estaremos libres de basura la siguiente semana. O puedes escoger no sacar la basura a tiempo para cuando te vas. La consecuencia de esa elección es que tendrás que responsabilizarte por la basura que no se sacó. ¿Entiendes?".

Cathy no comprendía por completo lo que su padre le decía, pero le gustaba la nueva actitud que ellos tenían y estaba contenta de que su madre prometiera no gritarle más por la basura. Así que dijo: "Claro, papá, muy bien".

"Una cosa más", agregó Emily. "Te recomendamos que saques la basura a tiempo. Creo que será mucho más placentero para ti y lo disfrutarás mucho más".

Cathy respondió: "De acuerdo, mamá".

El siguiente martes Cathy escogió recoger la basura antes de irse a dormir. Emily estaba complacida y pensó que su charla había dado resultado. Sin embargo, la semana entrante Emily encontró a Cathy en sus pijamas y con su iPad hasta tarde por la noche del martes, y la basura no había sido recogida. Esta vez, Emily estaba en paz, dado que sabía que no era su responsabilidad "controlar" a Cathy. Ella le había dado a Cathy elecciones claras. En vez de gritarle a su hija, Emily entró al cuarto de Cathy y le dio un beso de buenas noches. Lo único que le dijo fue, "Recuerda que mañana es día de colecta de basura".

La respuesta de Cathy fue, "Lo sé, mamá. Lo haré en la mañana".

Emily le dio las buenas noches y siguió con sus cosas de la noche. A la mañana siguiente, por supuesto, Cathy se levantó tarde. No tenía tiempo de hacerse cargo de la basura; solo pudo agarrar un pedazo de tostada y salir corriendo de la casa a último momento para ir a la escuela. Emily estaba tranquila, ya que otra vez se dio cuenta de que no era su tarea controlar a Cathy. Su trabajo era dar la orden, la instrucción, y aplicar la consecuencia. Dios era el único que podía cambiar a Cathy.

Cuando Cathy llegó a la casa de la escuela esa tarde, saludó a su mamá camino a su cuarto. Se sentía un poco culpable porque sabía que no había sacado la basura esa mañana. Cathy como que estaba esperando que su mamá le gritara sobre esto, pero Emily estaba amigable. Ella no dijo nada sobre la basura; solamente le preguntó a Cathy sobre su día en la escuela. Cathy estaba un poco sorprendida por la calma de su mamá. "Tal vez realmente cambió", pensó Cathy.

Luego de un corto intercambio con su mamá Cathy subió las escaleras a su cuarto. Luego como veinte segundos más tarde volvió corriendo con una mirada horrorizada en su rostro. "¡Mamá, hay cinco bolsas de basura en el piso de mi cuarto!" exclamó.

"Lo sé", dijo Emily con calma. "¿Recuerdas la conversación que tuvimos sobre las elecciones y las consecuencias?".

"Sí", dijo Cathy, "¿pero por qué hay cinco bolsas de basura en el medio de mi piso?".

"Bien, como recordarás, te explicamos que iba a haber una consecuencia por cada elección. Tú decidiste no sacar la basura a tiempo. Te explicamos que si tomabas esa decisión, tenías que hacerte responsable personalmente de la basura. Cómo decidiste no sacar la basura a tiempo para que se la llevaran, es justo que te quedes con la basura en tu espacio hasta la semana que viene. Ninguno del resto de nosotros somos responsables por la basura o la queremos en nuestro espacio".

"¡Pero mamá!", lloró Cathy. "Apesta, y ocupa la mitad de mi cuarto".

"Lo siento, querida", dijo Emily. "Sé que no es agradable. Es por eso que te aconsejamos tanto que sacaras la basura. Pensamos que disfrutarías más de la consecuencia. Pero tú elegiste la otra opción. Eso quiere decir que hasta el próximo martes vas a tener que mantener la basura en tu cuarto. Quiero que sepas, cariño, que no estamos haciendo esto porque estamos enojados contigo. Te amamos mucho. Eres nuestra hija. Eres hermosa, eres inteligente, y Dios tiene un destino increíble para tu vida. Pero tú elegiste tu opción, y esta es la consecuencia. Dios te bendiga, cariño. Buenas noches".

Esa fue la última vez que Cathy no sacó la basura antes de irse a la escuela en las mañanas de los miércoles. Kurt y Emily aprendieron cómo ofrecer opciones que tengan una consecuencia clara, pero de dejar que Cathy eligiera en vez de tratar de controlar y manipularla gritándole y amenazándola. Cuando ellos usaron el sistema de gobernación de Dios, tuvieron que aplicar la consecuencia por la mala elección solo una vez. Si hubieran continuado usando el sistema de Satanás, hubieran tenido que atosigar a Cathy casi todas las semanas para que sacara la basura.

Esta fue la primera de las muchas experiencias que ayudaron a reconstruir una relación saludable entre Cathy y sus padres. Ejerciendo autoridad que honra el libre albedrío mientras se aplica consecuencias por las malas decisiones pueden cambiar totalmente la atmósfera en su hogar, aún si nunca experimentó este tipo de crianza usted mismo. ¡El sistema de gobierno de Dios funciona!

Cómo establecer un tiempo de bendición familiar

Sin un estructurado y regular tiempo de bendición, los niños probablemente solo escuchan palabras de corrección y disciplina de sus padres. ¿Por qué no crear una tradición de bendición familiar para su familia? La llave para que esto funcione de manera práctica es siguiendo el modelo establecido por las familias judías y priorizando este tiempo de bendición por sobre todas las otras actividades suyas o en las que sus hijos estén involucrados. Usted puede comenzar su propia tradición en su casa siguiendo estos tres pasos.

1. *Compartiendo una comida juntos.*
2. *Luego de la comida inicie un tiempo de arrepentimiento y bendición.* Ya que nadie puede recibir una bendición cuando está cargando con una herida emocional por parte de la persona que va a bendecir, sugiero que comience su tiempo de bendición hablando de las ofensas, percibidas o reales. Me di cuenta de que si usted mira directamente los ojos de su hijo podrá discernir inmediatamente si hay una ofensa o una herida emocional sin sanar. Una persona ofendida no va a poder mantener contacto visual con alguien que lo ha ofendido.

   Si puede discernir una ofensa o una distancia emocional entre usted y su hijo, le sugiero que comience su tiempo de bendición con arrepentimiento. Si usted sabe que ha lastimado emocionalmente o a maldecido la identidad de uno de sus hijos durante la semana, admita la ofensa y pida perdón. Aunque usted no haya sido culpable completamente, si hay una ofensa o herida en el corazón de su hijo y usted siente una distancia emocional entre ustedes, busque reparar esto admitiendo la ofensa y arrepintiéndose de haber lastimado. Comprométase a construir un puente entre cualquier distancia emocional entre ustedes.

3. *Bendiga cada miembro de la familia.* Cuando todas las heridas y las ofensas han sido resueltas, usted puede bendecir a cada hijo individualmente. Le sugiero que use los cinco componentes claves de la bendición resumidos por John Trent y Gary Smalley en su relevante libro sobre el tema, *La bendición.* Estos componentes de la bendición son:

- El toque significativo
- Un mensaje hablado
- Asignarle un valor alto
- Anticipar un futuro especial
- Un compromiso activo para ayudar a cumplir la bendición[1]

Tal vez usted haya visto la película "El violinista en el tejado". La oración sabática que Tevye y Golde oran sobre sus hijas es un buen ejemplo del tipo de bendición que usted puede considerar declarar sobre sus hijos.

Que el Señor las proteja y las defienda.
Que Él siempre las proteja de la humillación.
Que lleguen a ser
En Israel como un nombre brillante.

Que sean como Rut o como Ester.
Que sean merecedoras de alabanza.
Fortalécelas, oh Señor,
Y mantenlas lejos de los caminos extraños.

Que Dios las bendiga y les dé larga vida.
Que Dios cumpla nuestra oración sabática sobre ustedes.
Que Dios las convierta en buenas madres y esposas.
Que Él envíe esposos que las cuiden.

Que el Señor las proteja y las defienda.
Que el Señor las libre del dolor.
Favorécelas, Oh Señor, con felicidad y paz.
Oh, oye nuestra oración sabática. Amén.[2]

La bendición familiar se extienda más allá de sus hijos. Si usted está casado, haga una práctica diaria de orar una bendición sobre su cónyuge. No tiene que pasar mucho tiempo haciendo esto; simplemente unos minutos diarios son suficientes. Encuentre un tiempo consistente que les sirva a los dos como pareja. Tiene que mirar a los ojos de su cónyuge para poder transmitir la bendición no solo con sus palabras sino también con sus ojos y su expresión facial. Puede pasar un minuto o dos haciendo cada uno de los siguientes:

1. Arrepintiéndose si Dios le muestra que ha lastimado o pecado contra su cónyuge en las últimas veinticuatro horas.
2. Agradeciendo a Dios por su cónyuge (admitiendo las cualidades que usted aprecia sobre él/ella).
3. Declarando una bendición sobre su cónyuge y su día.

Establecer una tradición de bendición transformará sus relaciones con su cónyuge y sus hijos. Usted está hablando vida en su presente y su futuro y expresando el profundo amor que tiene por ellos. Poniendo a un lado tiempo cada semana para un tiempo de bendición familiar, usted también está enseñando con el ejemplo que su familia es una prioridad sobre todas las demás obligaciones. Si usted hace este tipo de inversión en su familia, traerá fruto en las generaciones siguientes.

Capítulo 3

EL CAMINO ANTIGUO DE DIOS: SIETE TIEMPOS CRÍTICOS DE BENDICIÓN

IMPARTIR BENDICIÓN COMO un estilo de vida y en siete etapas críticas de la vida marcan el fundamento de identidad y destino que le darán el poder a las generaciones para que prosperen. Aunque este estilo de vida de bendición se encuentran en la Biblia y es expresado a través de la cultura judía, esto no es solamente una manera judía de vivir. Dios estableció estos principios de bendición para cada familia. Un estilo de vida de bendición es uno de los "caminos antiguos" de Dios, y término sacado del libro de Jeremías.

> Así dijo Jehová: "Paraos en los caminos, y mirad, y *preguntad por las sendas antiguas*, cuál sea el buen camino, y andad por él, y *hallaréis descanso para vuestra alma*. Mas dijeron: 'No andaremos'".
>
> —JEREMÍAS 6:16, ÉNFASIS AÑADIDO

Esta escritura captó mi atención muchos años atrás cuando me di cuenta de la disfuncionalidad familiar hoy en día, las adicciones, el abuso, el adulterio y el abandono, se originaron directamente del hecho de que muchos padres no tienen descanso en sus almas. Cuando una persona tiene falta de un profundo, establecido sentido de valor intrínseco (identidad) y propósito (destino), esa alma individual no estará descansando. En lugar de eso seguirá buscando amor, significado y propósito. Como lo dije anteriormente, la bendición es el mecanismo de Dios en las familias de traer descanso al alma de un niño e impartir un seguro sentido de valor y propósito.

Un padre que nunca recibió la bendición parental busca continuamente la bendición y por lo tanto no puede enfocarse en impartir bendición a la próxima generación. En este pasaje en Jeremías el profeta nos dice que si pedimos, aceptamos y caminamos en los caminos antiguos de Dios, encontraremos naturalmente el descanso para nuestras almas. Los niños que crecen en este tipo de ambiente familiar experimentarán naturalmente el descanso en sus almas.

En los capítulos subsiguientes, cuando miremos en detalle a cada uno de los siete tiempos críticos de bendición, encontraremos que Dios colocó en la antigua cultura hebrea ceremonias, tradiciones, leyes y actitudes sociales comunes que harían muy difícil para una persona que no fuese bendecida en todas las siete etapas críticas. En esa cultura, la bendición en esos momentos era un hecho normal en cada familia. Un padre tendría que desviarse de lo normal para evadir bendecir sus hijos.

Desafortunadamente hoy ninguno de los amparos culturales que Dios estableció para asegurar la bendición en estas etapas críticas siguen intactas. Aún un padre cristiano tiene que desviarse significativamente de la norma cultural para asegurarse que sus hijos sean bendecidos en estas siete etapas críticas en la vida.

¿POR QUÉ PROSPERA LA GENTE JUDÍA?

En mis viajes por muchas naciones he visto que la gente judía, en todos lados, tiende a prosperar financiera, educacionalmente y en sus relaciones familiares más que en cualquier otra cultura del mundo. No importa si uno está en Nueva York, Paris, Tel Aviv, San Pablo, Sydney, o Hong Kong, las familias judías tienden a prosperar por encima de las otras en la cultura. Siempre me pregunté internamente por qué es esto. También siempre me pregunté si esto era solo mi percepción o si en verdad había sustancia a lo que pensaba.

Luego, recientemente, me crucé con el libro "The Jewish Phenomenon" [El fenómeno judío] por Steven Silbiger.[1] Este libro confirma mi sospecha. Silbiger comienza diciendo que su libro "toma una postura positiva, que la gente judía ha sido exitosa por una combinación de factores relacionados a la religión y a la cultura judía y a la experiencia histórica colectiva". Luego dice que hay cosas que "todos y cualquier grupo pueden examinar y de lo que pueden aprender".[2]

Silbiger, quien es judío, dice que sus padres esperaban que él fuera exitoso en lo económico y educacional, ya que tuvo muchos modelos a seguir en su familia, en su comunidad, en los medios y en ciudades alrededor del mundo para reforzar la idea. El éxito económico era la norma en la comunidad judía donde creció. Escribe:

¿Acaso me creí lo del estereotipo perpetuado por el orgullo étnico, o había algo cierto al respecto? Siendo crítico por naturaleza, rápidamente descubrí algunos hechos contundentes que demuestran que el éxito judío es una realidad en Estados Unidos:

- El porcentaje de familias judías con ingresos por arriba de los US$50,000 es el doble que el de los no judíos.
- Por otro lado, el porcentaje de hogares judíos con ingresos por debajo de los US$20,000 es la mitad que el de los no judíos.
- "La ventaja judía en el estatus económico persiste hasta el día de hoy; permanece mayor que el de los protestantes o católicos blancos, incluso dentro de hogares de edad, composición y ubicaciones similares".
- Cuarenta por ciento de las personas de las primeras de las 40 compañías de Forbes 400 en Estados Unidos son judíos.
- Un tercio de los multimillonarios estadounidenses son catalogados como judíos.
- Veinte por ciento de los profesores en las mejores universidades son judíos.
- Cuarenta por ciento de los socios en las mejores firmas de abogados en Nueva York y Washington son judíos.
- Treinta por ciento de los ganadores estadounidenses del premio Nobel en ciencias y veinticinco por ciento de todos los ganadores del Premio Nobel son judíos.[3]

¿Cómo puede un porcentaje tan pequeño de la población estadounidense, solo el 2 por ciento, forman parte del tan alto porcentaje de los educados, ricos e influyentes en nuestra sociedad? ¿Por qué los cristianos, de quien la Biblia nos dice en Romanos 11 que son injertados en un pacto con el Dios de Abraham, Isaac y Jacob, por medio de la sangre de Jesús, no manifiestan casi la misma o mejores estadísticas que la gente judía? Esto me desconcertó siempre, hasta que el Señor me dio un mayor entendimiento de 3 Juan 2: "Amado, yo deseo que tú seas prosperado en todas las cosas, y que tengas salud, así como prospera tu alma".

A medida que leí este versículo, vi la razón principal por la que la gente judía prospera en sus vidas naturales en muchas formas en las que los cristianos no lo hacen. Ellos siguen tradiciones y costumbres (caminos antiguos) establecidos por Dios que hicieron que las almas de sus hijos prosperaran. Muchos cristianos están vivos en sus espíritus y tienen tradiciones espirituales que hacen que los espíritus de sus hijos prosperen. Sin embargo, según el versículo en 3 Juan, la prosperidad y la salud en la vida dependen de la prosperidad en el alma (mente, voluntad y emociones).

Mientras que las familias *pueden* crear una cultura que hace que los espíritus de sus hijos prosperen, las familias judías *tienden* a crear una cultura que hace que las almas de sus hijos prosperen. Por lo tanto, como creyentes del nuevo pacto, ¿por qué no aprendemos a crear una cultura de familia que prospere tanto en espíritu como el alma de nuestros hijos?

Tal vez se pregunte: "¿Qué tipo de costumbres y tradiciones practican las personas judías que pueden hacer que sus almas prosperen?". Creo que la respuesta yace en la costumbre que discutimos al principio del capítulo anterior: la bendición paternal. Como ya hemos visto, todos los padres son profetas para sus hijos, pero no todas las profecías son de Dios. Creo que las almas de los hijos judíos tienden a prosperar, no solo por la bendición paternal del Sabbath, cada semana, sino también porque su cultura, naturalmente, facilita la bendición de los hijos durante las siete etapas críticas de la vida.

Aunque el concepto de la bendición se explica claramente en la cultura hebrea bíblica, y vemos remanentes de al misma en la cultura judía de hoy, no creo que Dios haya querido que los judíos tuviesen un monopolio sobre la bendición. Creo que Dios quiso que el estilo de vida de bendición y la impartición de la bendición durante las siete etapas críticas de la vida funcionaran, naturalmente, en cada familia y cultura de la tierra. Estas tradiciones de bendición no se originaron con los judíos sino que son caminos ancestrales que provienen de Dios y que son para cualquiera, en cualquier lugar.

BENDICIONES EN LOS ESTADOS UNIDOS DEL SIGLO XVIII

Aunque es un camino ancestral establecido por Dios, pareciera ser que la bendición paternal y la prosperidad que resulta de la misma eran más comunes en la cultura estadounidense del siglo XVIII. Me sorprendí tiempo atrás cuando oí a un historiador cristiano, David Barton, dar una cátedra de la historia estadounidense. Sabía que seguramente se necesitó mucho valor e integridad por parte de los colonos estadounidenses para enfrentarse al imperio más poderoso del mundo en ese momento, Gran Bretaña, para establecer una nueva nación. Me di cuenta de que debieron haber sentido un gran sentido de destino y llamado para hacer eso.

Asumí que para poseer el valor, el carácter, y el sentido de destino e identidad que se requerían para poder fundar una nueva nación, la mayoría de estos estadounidenses primitivos deberían ser grandes veteranos de la vida, gente de unos cincuenta o sesenta años de edad. Me sorprendió aprender que muchos de los líderes fundadores, de renombre hoy día, estaban en su adolescencia o principio de los veinte cuando realizaron los actos por los que hoy son famosos.

Tal vez uno de los más notables fue John Quincy Adams. Él, aparentemente, comenzó su carrera diplomática a los catorce años de edad cuando acompañó a Francis Dana, a quien el Congreso Continental había designado como Ministro de Estados Unidos en Rusia, como su secretario e intérprete de francés. Los dos estaban en una misión oficial en Rusia para asegurar el reconocimiento diplomático de los recientemente fundados Estados Unidos. Adams, más tarde, fue designado como Ministro de los Estados Unidos en Holanda cuando todavía estaba en sus veinte.[4]

Betty Ross solo tenía veinticuatro años cuando se cree que hizo la primera bandera estadounidense. Luego se encuentran Alexander Hamilton, James Monroe, James Madison, John Marshall y el francés Marquis de Lafayette, todos entre diecinueve y veinticinco años de edad cuando jugaron un papel importante en la Guerra Revolucionaria Americana. [5]

¿Cuántos niños de catorce años estaría usted dispuesto a enviar al extranjero como secretario o intérprete de un diplomático? Si usted le pregunta a un muchacho promedio de catorce años acerca de su propósito y destino, usted seguro oirá acerca de videojuegos y la televisión y metas de ser rico y "divertirse". Doscientos años atrás, era común que la gente practicara la medicina, comenzaban un negocio y se casaban a los dieciséis, diecisiete y dieciocho.

He aquí un pensamiento alarmante: ¿Cuántas personas de treinta años que conoce estaría usted dispuesto a enviar al extranjero como embajador de su nación? A menudo, ni siquiera muchas personas de treinta años hoy día muestran la integridad ni el sentido de destino evidentes en la gente de catorce de hace doscientos años atrás. ¿Por qué no? Porque nos hemos alejado de los caminos ancestrales de Dios.

Incuso en Estados Unidos, aparentemente, había otro tipo de confianza, madurez y carácter, doscientos años atrás, en la gente joven que lo que hay hoy. ¿Por qué? Creo que la respuesta yace en la impartición de la bendición de los padres a los hijos, una tradición que estaba aun más intacta en la cultura estadounidense dos siglos atrás. Antes de la revolución industrial de 1840, cada hijo tenía un "padre", una "familia" y un "futuro". Las familias comían juntas cada día, y los padres bendecían a sus hijos de manera regular. Dos siglos atrás, los padres preparaban a sus hijos para cumplir con su destino, no solo para tener trabajo.

Hoy día, muchas personas son vagabundos en el planeta, simplemente tratando de pagar sus cuentas y mantener sus familias y matrimonios lejos del desastre. Buscan propósito y significado y están plagados por la continua inquietud. Se preguntan de continuo, "¿Soy verdaderamente amado o valorado? ¿Estoy haciendo algo que tenga propósito o sea significante?" Estas profundas preguntas del alma deben ser, supuestamente, respondidas por Dios por medio de poderosas imparticiones de bendición y destino que vienen cuando el padre y la madre de un hijo le bendicen en las etapas críticas de la vida.

LA BENDICIÓN Y LA MALDICIÓN
IMPACTAN GENERACIONES

Como discutimos, la bendición o maldición familiar a menudo determinan el rumbo del destino de un hijo, no solo por una generación, sino por muchas generaciones. Tanto la maldición como la bendición son semillas que se reproducen por generaciones. Noel y Phyl Gibson, en su libro *Evicting Demonic Squatters and Breaking Bondages* [Echar fuera a los invasores y romper con las ataduras] descubrieron algunas interesantes estadísticas de dos familias estadounidenses que fueron rastreadas durante doscientos años.

> Max Jukes era un ateo que se casó con una mujer pagana. Se rastreó a unos 560 descendientes: 310 murieron pobres, 150 se convirtieron en criminales, 7 de ellos en asesinos, 100 eran borrachos y mitad de las mujeres eran prostitutas. Los descendientes de Max Jukes le costaron al gobierno de los Estados Unidos más de 1,25 millones de dólares en dólares del siglo XIX.
>
> Jonathan Edwards era un contemporáneo de Max Jukes. Él era un cristiano devoto que le dio a Dios el primer lugar en su vida. Se casó con una mujer cristiana, y se rastreó a unos 1394 descendientes: 295 se graduaron de la universidad, de los cuales 13 se convirtieron en presidentes universitarios y 65 en profesores, 3 fueron electos como senadores de los Estados Unidos, 3 como gobernadores y otros fueron enviados como ministros a países extranjeros, 30 fueron jueces, 100 eran abogados, uno del decano de una excelente facultad de leyes, 56 eran doctores, uno de ellos fue el decano de una facultad de medicina, 75 fueron oficiales en el ejército, 100 eran reconocidos misioneros, predicadores y autores prominentes, otros 80 tuvieron algún tipo de cargo público, de los cuales 3 eran alcaldes en grandes ciudades, uno era el contralor del departamento de hacienda y otro fue vicepresidente de los Estados Unidos.[6]

Es maravilloso que ninguno de los descendientes de Edward fueran una carga para el gobierno. Comprender las consecuencias naturales de las elecciones tomadas entre estas dos familias, uno pudiera concluir que alguien que naciera en la familia Jukes sería más propenso a tener problemas y dificultades en el matrimonio y en la crianza de los hijos que una persona que naciera en la familia Edwards.

Eso no significa que la familia en la que una persona nace determina su destino. No importa el trasfondo familiar, esa persona siempre puede escoger tomar decisiones sabias y piadosas que mejorarán su matrimonio y las relaciones familiares. Esa persona puede escoger establecer un estilo de vida de bendición que pondrá a sus hijos y a las futuras generaciones en otro rumbo distinto. En cualquier momento, es posible reconocer y romper el poder negativo de patrones generacionales y dejar un legado piadoso.

PREGUNTAS CLAVES
RESPONDIDAS POR LA BENDICIÓN

En la introducción mencioné que había siete etapas críticas en la vida durante las cuales la bendición se debía impartir en una familia. En cada una de estas etapas, creo que Dios quiso responder una clave pregunta espiritual y emocional en nuestros corazones. En los próximos capítulos abordaremos cada una de estas etapas y las profundas preguntas del corazón que se responden en cada una de ellas. Como esto es tan crítico para cualquier padre que desea establecer una cultura de bendición en su familia, incluí un cuadro a continuación que resume qué puede esperarse en cada etapa.

GRANDES PREGUNTAS DE LA VIDA QUE RESPONDE LA BENDICIÓN	
Etapa crítica de bendición	**Gran pregunta de la vida respondida**
Concepción	¿Soy deseado y "bienvenido" a esta familia?
Tiempo en el vientre	¿Soy aceptado y estoy seguro? ¿"Pertenezco" aquí?
Nacimiento	¿Soy lo que esperaban y "querían"? ¿Estoy bien, o hay algo mal conmigo? ¿Acaso alguien "me cuidará"?
Infancia	¿Hay alguien en quien pueda "confiar" para que supla mis necesidades? ¿Hay alguien más fuerte, más grande, más sabio que yo que me ame de verdad y se interese por mí?
Pubertad	¿Tengo lo que se necesita para ser un hombre/ una mujer? ¿Soy una persona "adecuada" para cumplir con mi llamado de adulto?
Matrimonio	¿Acaso puedo ser "amado"? ¿Alguien me amará y se quedará conmigo en este pacto a largo plazo?
Edad anciana	¿Todavía "se me necesita" y he logrado algo significativo en mi vida?

Capítulo 4

BENDECIR A SUS HIJOS
DURANTE LA CONCEPCIÓN

DEDICAREMOS LOS PRÓXIMOS capítulos para ver cada etapa crítica de bendición. Antes de que abordemos este tema, quiero recordarle que hay una intensa batalla espiritual sobre cuál mensaje de identidad y destino va a impartirse en lo profundo del corazón de un niño. Si los padres no son conscientes de esta batalla, el diablo los usará para que, inadvertidamente, impartan su mensaje de inutilidad y falta de propósito en los corazones de sus hijos. Así que es importante que como padres se mantengan enfocados en la verdad de Dios acerca de su hijo, y acerca de usted mismo. El mensaje de amor y valor de Dios también es real para usted. Por lo general es de nuestro propio sentido de inutilidad que impartimos el mismo mensaje impío a nuestros hijos.

MODELO CLAVE

Satanás comienza desde un principio a tratar de impactar la imagen de identidad y destino de un niño. Por eso es que el primer tiempo crítico para la bendición es durante la concepción, y Dios quiere usar a los dos padres como sus agentes de bendición durante esta etapa crítica. El padre y la madre, ambos, juegan un rol importante para crear una ambiente seguro y bendecido en el que el niño entrará. Los dos padres son igualmente necesarios y responsables por bendecir al hijo en este tiempo.

PREGUNTAS CLAVES A RESPONDERSE

Como mencioné en el capítulo anterior, en cada etapa crítica de bendición hay una pregunta clave siendo respondida en el corazón del niño.

Otra vez, Dios o Satanás pueden responder la pregunta por medio de mensajes impartidos por los padres. Creo que la pregunta primordial que se responde durante el tiempo de concepción es: ¿Soy deseado y "bienvenido" a esta familia?

Satanás y su reino de oscuridad, por supuesto, quieren que los padres respondan esta pregunta diciendo, "*No*, no eres bienvenido. No te queremos. Nadie te quiere. No queríamos un hijo. Eres una molestia, un fastidio y una intrusión en nuestras vidas. Eres un error, solamente el producto de la lujuria, no tienes propósito ni destino".

La respuesta de Dios es lo opuesto. Él desea que los padres expresen: "Sí, eres completamente bienvenido. Te queremos y esperamos tu nacimiento con gran gozo. Tienes un lugar en esta familia y eres de gran bendición para nosotros. Dios te ha dado un propósito y un destino únicos, y haremos todo lo posible para ayudar a protegerte y a guiarte para que cumplas ese propósito".

Ser bendecido o maldecido durante la concepción implica la siguiente clase de cosas.

Bendición durante la concepción

1. Los dos padres quieren al hijo y esperan el nacimiento con gran gozo.
2. Los padres están en un pacto legítimo de matrimonio.
3. La concepción ocurre en amor y no en lujuria.

Maldición durante la concepción

1. Alguno de los padres no espera o no quiere al hijo
2. Alguno de los padres lamenta la concepción y ve al hijo como una intrusión.
3. La concepción ocurre fuera del pacto del matrimonio.
4. La concepción ocurre en lujuria y no en amor.

CONSECUENCIAS POTENCIALES DE LA BENDICIÓN O LA MALDICIÓN

Cuando un hijo es bendecido durante la concepción, los padres le dan a Dios la autoridad para impartir su mensaje en el corazón del hijo desde el principio. Esto implica que en el momento adecuado de la concepción un gran sentido de ser amado, valorado, deseado, aceptado y bienvenido estará presente. Un sentido claro de propósito y destino es soltado sobre el niño desde el comienzo. Cuando la concepción es bendecida, los padres reconocen que este hijo no es un accidente. Más bien, Dios ha escogido crear y enviar a ese hijo en el tiempo específico en esa familia en específico para cumplir un propósito y un destino divinos.

Otro beneficio clave de la bendición paternal durante la etapa de la concepción es que, mediante este acto, el padre y la madre ponen una cobertura espiritual sobre el hijo, la cual lo bloquea todo acceso demoníaco al niño mientras este está en el vientre. Muchos padres no se dan cuenta de que el pacto del matrimonio crea una cobertura espiritual alrededor de la concepción del hijo y su crecimiento en el vientre. Cuando los padres conciben a un hijo o hija fuera de la cobertura protectora del matrimonio, el hijo que aún no ha nacido queda expuesto a cualquier espíritu demoníaco que se presente en ese momento.

Examinaremos este concepto en mayor detalle más adelante en este capítulo, pero quería señalar esto como un recordatorio del poder del pacto matrimonial. Había un tiempo no muy terriblemente lejos cuando se consideraba inmoral tener una relación sexual fuera del matrimonio. El sexo prematrimonial de hoy día y la cohabitación se han convertido en algo tan común que muchas personas lo consideran un comportamiento normal. No tienen idea de las consecuencias devastadoras generacionales que estas decisiones acarrean.

Cuando comencé a estudiar en mayor profundidad lo que la Biblia dice acerca de las consecuencias de la concepción fuera de la cobertura protectora del matrimonio, una de las primeras escrituras con las que me encontré fue Deuteronomio 23:2: "No entrará bastardo en la congregación de Jehová; ni hasta la décima generación no entrarán en la congregación de Jehová".

Esto parecía ser una consecuencia muy severa, así que le pregunté al Señor que me dijera qué significaba este versículo. Me preguntaba si era que Dios estaba diciendo que Él no recibiría a una persona de nacimiento ilegítimo en su congregación, durante diez generaciones. Cuando oré sobre esto, claramente oí al padre decir: "No es que yo no aceptaré a la persona de nacimiento ilegítimo, sino que el enemigo tiene el derecho legal de mantenerlo fuera de mi congregación hasta por diez generaciones. Yo estoy dispuesto a aceptar a cualquier persona que viene a mí en el nombre de Jesús".

Esta es la consecuencia devastadora si por medio de un acto de pecado sexual los espíritus demoníacos tienen el derecho de afligir hasta diez generaciones de personas. Si cada generación tiene solo cuatro hijos, entonces para la décima generación más de un millón de personas que verían afectadas. Así que por medio de un acto de inmoralidad sexual el enemigo tiene el potencial de devastar a más de un millón de personas. Esto, en mi opinión, es una eficaz trama de destrucción. Si yo fuera el diablo, yo trabajaría diligentemente en este plan, y parece ser que él está haciendo justamente eso. Según el Centro de Control y Prevención de Enfermedades, cerca del cuarenta por ciento de los nacimientos en los Estados Unidos son de mujeres no casadas.[1]

EL PRINCIPIO DEL HOMBRE FUERTE

Muchos años atrás descubrí un principio bíblico que es crítico que cada padre entienda. Lo he denominado el "principio del hombre fuerte". Ya sea que nos demos cuenta o no, todos los padres son "hombres fuertes". Son los guardias, por así decir, de sus hijos. Por medio de las decisiones que los padres toman, ellos exponen a sus hijos a las cosas de Dios o a las cosas del diablo. Esto pueda parecer injusto, pero es de la manera como la vida en este planeta está fijada.

La Biblia habla del principio del hombre fuerte en el libro de Mateo. Jesús dijo: "Porque ¿cómo puede alguno entrar en la casa del hombre fuerte, y saquear sus bienes, si primero no le ata? Y entonces podrá saquear su casa" (Mateo 12:29).

En este pasaje, Jesús les estaba explicando cómo echar fuera a los espíritus demoníacos. Pareciera que Él quisiese decir que hay una jerarquía de espíritus demoníacos con los que uno debe tratar. Los más inferiores parecen estar protegidos por la autoridad de los mayores. Por lo tanto, si uno trata de echar fuera un espíritu demoníaco que es menor en la cadena de mando y está bajo la protección de un demonio más fuerte, la autoridad del demonio más fuerte permite que ese demonio permanezca en su lugar.

De manera consecuente, uno primero debe encontrar al espíritu de mayor nivel operando en la situación, el cual en este versículo Jesús denomina como "hombre fuerte". Solo cuando usted le ata a este le es posible eliminar a todos los demás demonios inferiores y limpiar la casa. He visto, en lo personal, como este principio es verdad y conozco a varios ministros liberadores con experiencia que pueden atestiguar de que esto es cierto.

Mientras meditaba en este pasaje un día, se me ocurrió que el principio del hombre fuerte funciona de la misma manera cuando Satanás y sus espíritus tratan de invadir su casa. La palabra griega traducida para "casa" es "oikos". Pero en Mateo 12:29, "oikos" no se refiere a un lugar físico de morada, sino a la familia. Por ejemplo, en Hechos 16:30-31 el carcelero filipense le preguntó a Pablo qué debía hacer para ser salvo. Pablo le dijo: "Cree en el Señor Jesucristo, y serás salvo, tú y tu casa" [oikos]. Es obvio que Pablo no se refería a la estructura física en la que el carcelero vivía; él se refería a la familia del hombre y la extensión de la misma.

Así que cuando el enemigo viene a saturar su hogar (oikos), él va tras su familia. Su propósito es devastar su matrimonio, hijos y nietos. Pero para hacer eso, primeramente debe atar al hombre fuerte en su casa. ¿Quién es el hombre fuerte en su hogar? El esposo es el hombre fuerte para la esposa, y los dos padres son los hombres fuertes de los hijos. *Por lo tanto, en cada aspecto de la vida donde el enemigo puede atar o tener acceso a los padres, él puede atar o tener acceso a los niños.*

Satanás, siendo legalista, comprende las leyes universales de Dios y los principios de autoridad. Aunque tanto el diablo como sus espíritus demoníacos saben que no pueden atacar a los niños de manera directa si estos están bajo la autoridad de sus padres; ellos deben atravesar a los padres antes de llegar a ellos. Es triste, pero si los padres están ciegos ante las armas del diablo, o si no entienden su función como hombre fuerte, el enemigo tal vez tenga acceso directo a sus corazones y a las vidas de sus hijos por medio de las puertas que ellos, inadvertidamente, le abren (Oseas 4:6).

Permítame darle algunos ejemplos prácticos del principio del hombre fuerte en acción. Supongamos que hay un padre manejando descontroladamente con su hijo de tres años y su hija de dos años atados con su cinto en el asiento trasero. Justo cuando hace un giro pronunciado, se le aparece un conejo en frente del automóvil, haciéndole fallar y perder control absoluto del automóvil. El automóvil choca, y el padre y sus dos hijos jóvenes mueren.

En este caso, es claro que los dos hijos murieron por las acciones de su padre. No fue culpa de los niños; ellos no tenían nada que ver en el asunto. Un padre que maneja descontroladamente con sus hijos dentro los expone al peligro. El padre fue encargado por Dios para proteger y servir a sus hijos, pero en este caso el padre no lo hizo. Esto es injusto, pero así es como funciona la vida. Los hijos están expuestos a los beneficios o a la destrucción basado en las elecciones de sus padres.

Déjeme darle otros ejemplos físicos de la responsabilidad que tienen los padres para discernir el peligro y establecer límites de protección alrededor de sus hijos. Los niños en general no tienen comprensión de la gravedad, del tránsito ni del veneno. Dios en su inteligencia, puso agentes protectores en las vidas de estos niños que se supone deberían tener un mayor entendimiento que los niños en cuanto a los peligros de este mundo. Está claro que esos agentes se llaman padres.

Por lo tanto, un padre sabio y amante establece límites protectores para resguardar a los niños del peligro. Los padres sabios tal vez edifiquen un muro con una puerta cerrada con candado para evitar que el niño salga corriendo a la calle y corra el riesgo de ser atropellado. De la misa manera, el padre tal vez ponga una compuerta en la parte superior de la escalera que baja hasta el sótano para proteger al niño de que se caiga por sí mismo y se lastime. Un padre puede llegar a medicinas potencialmente tóxicas en un gabinete para evitar que el hijo beba sustancias letales. Estas compuertas cerradas y gabinetes cerrados pueden llegar a ser un inconveniente para los padres, pero están allí por el bien de sus hijos.

Supongamos, por otro lado, que los padres no comprendieron el peligro del tráfico, la gravedad o el veneno. Esos padres probablemente no establecerían ni mantendrían límites protectores para cuidar a sus hijos de esas amenazas. Claro está que los hijos de estos padres desinformados están en mayor riesgo de daño, y que muchos de ellos perecerán por la falta de conocimiento de sus padres. Creo que esto muestra acertadamente la situación de muchas familias hoy en día.

La mayoría de los padres comprende la importancia de establecer barreras físicas para sus hijos, pero muchos parecen estar inconscientes de las necesidades de las mismas para también establecer barreras espirituales para proteger a sus hijos. Con los años he oído un tipo de testimonio, vez tras vez. Un padre en un viaje de negocios se encuentra solo en el hotel, enfrentando mucha presión en el trabajo, y se siente poco apreciado. Prende el televisor y comienza a pasar por los distintos canales. Pronto, llega a un canal pornográfico y es tentado a mirarla. Después se siente culpable y le pide a Dios, a la mañana siguiente, que le perdone.

Pregunta: ¿Han afectado las decisiones de este padre a alguien más que a sí mismo? Respuesta: ¡Claro que sí! Como padre, él es el hombre fuerte para su esposa e hijos. Satanás puede tener acceso al hijo de un padre cristiano en el área en la que él puede atar a su padre. Pero el padre en este ejemplo no tiene comprensión de su papel como hombre fuerte espiritual para sus hijos Por lo tanto, está sorprendido como devastado unas semanas después cuando él y su esposa se enteran de que su hija de trece años ha estado enviando mensajes de texto con fotos lascivas, "sexting", con chicos del grupo de jóvenes de la iglesia.

"¿Cómo pudo ocurrir esto?", se pregunta. El enemigo tuvo éxito al atar al padre en el ámbito de la lujuria y, por medio de esa puerta abierta, Satanás tuvo acceso a la hija. En 1 Pedro 5:8 la Biblia nos dice que nuestro adversario, Satanás, anda alrededor nuestro como león rugiente buscando a alguien para devorar. Sin darse cuenta, el padre abrió una puerta que permitió que el león rugiente se devorara a su hija. Es importante que el padre ahora cierre esa puerta espiritual que él abrió arrepintiéndose de sus acciones ante Dios; luego debe recuperar ese terreno que le entregó al enemigo en su vida y en las vidas de sus hijos.

Dios estableció muchas barreras protectoras para las familias mediante ceremonias, tradiciones y valores culturales, pero nuestra sociedad, en gran parte, las ha abandonado porque no entendieron su propósito. Muchas de estas ceremonias, tradiciones y valores fueron considerados sin ningún propósito, incluso por los cristianos. Los padres no se dieron cuenta de que estas tradiciones crearon o mantuvieron una barrera espiritual de protección alrededor de sus familias.

En realidad, la familia es una identidad espiritual, no solamente un grupo de personas que viven bajo un mismo techo. Hay un tipo de pegamento que une a las familias, así como hay un tipo de "pegamento nuclear" que une las partículas de un átomo. Cuando un átomo se separa, no solo se ve afectado ese átomo. La separación desata una reacción en cadena con consecuencias devastadoras y de mucho alcance, a medida que este proceso produce energía que puede causar la explosión de armas nucleares. Un principio similar obra en la familia. Hay una protección familiar que confina a la familia y si algo se rompe las consecuencias son enromes y, potencialmente, devastadoras.

Prometí que entraría más en detalle sobre la importancia del pacto matrimonial. Muchas personas suelen creer que el matrimonio es un concepto anticuado, nada más que un documento legal. Eso no es completamente cierto en lo referente a lo espiritual. Creo que si el pacto legítimo de una ceremonia matrimonial pudiera grabarse con una cámara espiritual de video veríamos dos cosas que suceden en el campo espiritual. Creo que veríamos algo como la creación de un nuevo átomo que anteriormente no existía.

Primero, veríamos a dos familias separadas (átomos), cada una con su propio pegamento nuclear y su barrera de protección. Luego, en la ceremonia, de manera sana y correcta, el hombre joven (una partícula de átomo) sería entregado por sus padres (el átomo) y una joven mujer (otra partícula atómica de otro átomo distinto) sería entregada por sus padres (un segundo átomo). Esto se describe en Génesis 2:24: "Por tanto, dejará el hombre a su padre y a su madre".

Segundo, cuando el pastor o la autoridad presidiendo declara, "Por el poder que me fue adjudicado, los declaro marido y mujer", creo que la cámara espiritual de video captaría la creación de una nueva familia (átomo) que ahora tiene su propio pegamento nuclear y su propia barrera espiritual de protección. Esta parte del proceso también se describe en Génesis 2:24 cuando dice que el hombre "se unirá a su mujer, y serán 'una sola carne'" (énfasis añadido). Creo que la frase "una sola carne" se refiere a esta nueva entidad espiritual que fue creada.

Veamos esto en el contexto de la batalla espiritual en la que nos encontramos actualmente. Como mencioné antes, el plan de Dios es equipar a cada uno de sus hijos para cumplir el propósito de destino e identidad dado por Dios, mientras que el de Satanás es destruir el destino y la identidad de todos. Por lo tanto, una batalla espiritual se desata por el acceso a la vida de cada persona desde el día de su concepción. ¿Qué tanto cree usted que un niño, o peor aún, un bebé en el vientre puede entender la guerra espiritual y protegerse de los entes demoníacos? ¡Para nada! El niño está indefenso.

Entonces un bebé en el vientre no tiene la oportunidad ni siquiera de comprender el famélico león que busca destruir su vida. Dios, en su enorme inteligencia, comprendió esto y proveyó a sus agentes para que estos preservaran y protegieran la vida de este niño. Otra vez, estos agentes son los padres. Dios desea que los padres comprendan las amenazas espirituales contra sus familias y su papel para establecer una barrera espiritual de protección para sus hijos por medio del pacto matrimonial.

Los hijos concebidos fuera del pacto matrimonial no tienen protección espiritual. Incluso, muchos cristianos tampoco se dan cuenta de que el pacto del matrimonio "es" la barrera espiritual que protege a los niños no nacidos del acceso por parte de los demonios. Es mucho más que un pedazo de papel.

Desde el punto de vista de la guerra espiritual, un hijo concebido fuera del pacto del matrimonio está completamente expuesto y vulnerable, similar a un niño sentado sobre una pila de ladrillos en medio de una zona de guerra. El hijo concebido dentro de los lazos protectores del matrimonio, por otro lado, es más como un niño que está dentro de un fuerte de ladrillos en una zona de guerra. Si sus hijos se encontraran en una zona de guerra con un enemigo brutal que busca destruirle, ¿preferiría usted que su hijo estuviese encerrado en castillo fortificado por ladrillos o encima de una pila de ladrillos, completamente expuesto al enemigo?

Se me han acercado varios adolescentes a decirme: "No veo qué tiene de malo acostarme con mi novia si los dos nos amamos y estamos comprometidos para casarnos". Ellos no se dan cuenta, pero ellos ya declararon el problema: no ven lo que está mal. Muchas personas "no ven" las consecuencias generacionales o a largo plazo de sus acciones. Por eso es que Dios nos dejó instrucciones escritas en su "Manual del Dueño", la Biblia.

Mientras que algunas personas están ocupadas tratando de ver qué sucede cuando una viola una instrucción de Dios, están, potencialmente, abriéndole puertas al campo demoníaco en sus propias vidas y también en las vidas de sus hijos. La mayoría de la gente, desafortunadamente, nunca correlaciona el fruto subsecuente de las vidas de sus hijos o de futuras generaciones con la semilla que plantaron en su generación.

"¿Quiere usted decirme, pastor que hay una diferencia si tengo relaciones con mi prometida cinco minutos antes de mi boda o con mi esposa cinco minutos después de la ceremonia?" Cuando los jóvenes me preguntan esto, les he tenido que decir, "Por supuesto; especialmente si se concibe un hijo". Esa ceremonia de bodas no es solo una formalidad, en una realidad espiritual. Crea una barrera espiritual de protección para la pareja y para cualquier hijo que ellos conciban. He visto a muchas personas que han violado este principio llorar amargamente cuando se dieron cuenta de las consecuencias de sus acciones egoístas. Aprendí esta lección, primeramente, en un dramático encuentro con una familia varios años atrás.

Libertad para el hijo de Susan

Susan se me acercó durante un evento de "Ancient Paths" que yo dirigía para hablarme de su hijo de cinco años, Billy. A pesar de que era un muchachito joven, Billy estaba consumido por una inusual lujuria sexual. Estaba continuamente diciendo obscenidades. Conocía los últimos chistes sexuales y devoraba cualquier tipo de pornografía que podía encontrar.

"Lo peor de todo", me dijo Susan, "es que un par de semanas atrás dejé a Billy solo en el cuarto con su hermanita de un año y medio. No me fui por más de tres minutos y, cuando regresé, encontré a Billy desnudo e intentando tener relaciones con su hermanita. Esto me aterró por completo".

Susan sabía que este comportamiento no era normal para un niño de cinco años; no es normal que un niño de esa edad esté al tanto de esas cosas. "No sé de dónde pudo haber sacado este tipo de pensamientos o de comportamiento", lloraba Susan. "Según nuestro conocimiento, nunca has estado alrededor de personas que piensen o actúen de esta manera". Mi esposo y yo somos muy cuidados de los niños con los que Billy juega. Él nunca fue molestado. Es obvio que ahora ningún padre permite que sus hijos jueguen con Billy.

No sabemos qué hacer. Es una vergüenza constante para mí. No lo puedo llevar a ningún lado porque nunca sé qué va hacer o decir. Lo tengo que vigilar de continuo en casa porque temo que abuse de su hermana. Hemos tratado de orar con él, de llevarlo a un siquiatra, todo lo que sabemos hacer, pero nada parece funcionar".

El pastor de Susan estaba sentado conmigo mientras Susan describía el comportamiento de Billy. El pastor confirmó que la situación de Susan era tan grave como ella la describía y que ellos habían hecho todo lo que estuvo a su alcance. No tenía ninguna respuesta para ellos, así que sugerí que oráramos. Mientras nos aquietábamos para orar, sentí a Espíritu Santo guiándome a hacerle una serie de preguntas a Susan.

"Comencemos en el principio de la vida de Billy", le dije. "¿Puede decirme cómo fue concebido?"

Susan se quedó callada por varios segundos a medida que lágrimas comenzaron a correr por sus mejillas. "Yo no estaba caminando con Dios en ese entonces", me dijo. "De hecho, yo vivía una vida muy inmoral. Tanto como recuerdo, la noche en la que Billy fue concebido yo estuve con muchos hombres. No tengo idea de quién es su padre biológico. Viví de esta manera por otros tres meses más antes de darle mi vida al Señor. Desde entonces, he estado caminando con el Señor y no he estado involucrada en la inmoralidad sexual. Poco después de que Billy naciera, conocí a mi marido, que es un hombre cristiano. Nos casamos y hemos estado sirviendo al Señor desde entonces".

Mientras Susan me daba esta información, el Señor me trajo a la mente un pensamiento extraño. Tal vez Billy estaba poseído por algún espíritu de lujuria sexual en el momento de su concepción. Su comportamiento actual podría ser el producto de la influencia de ese espíritu demoníaco en su vida. Nunca había pensado en esta posibilidad, pero sentí que debía mencionárselos al pastor y a Susan. Cuando les conté lo que pensaba, Susan comenzó a llorar fuertemente. "Estoy segura de que eso es exactamente lo que sucedió", me dijo llena de lágrimas.

"¿Está tu hijo aquí?", le pregunté.

"No, está en casa con su padre", respondió Susan. "¿Qué debemos hacer? Yo ya me arrepentí de mi inmoralidad sexual pasada. ¿Cómo podemos librar al Billy del espíritu de lujuria?"

Luego les expliqué a Susan y al pastor el principio del hombre fuerte y cómo el concebir un hijo fuera del matrimonio permite que el niño sea vulnerable al ataque demoníaco. Ni el pastor ni Susan se habían dado cuenta de eso antes.

Le dije a Susan que ella era el hombre fuerte y que ella había abierto la puerta en la vida de su hijo que permitió que el espíritu lo afligiera en el mismo ámbito en el que ella había sido atada. Por lo general, las buenas noticias son más relevantes cuando entendemos el verdadero impacto de las malas noticias. Así que le expliqué a Susan que no solo ella tenía la autoridad como madre para abrir la puerta, sino que también tenía la autoridad como madre y creyente en Jesucristo para poder cerrar esa misma puerta espiritual y ordenarle al espíritu demoníaco que abandone a su hijo.

Luego le pregunté al pastor si tenía alguna experiencia con el ministerio de la liberación. Tenía experiencia, así que le instruí a Susan que hiciera que su esposo trajera a Billy a la oficina del pastor, donde ella daría los siguientes pasos.

1. Renunciar a todas las iniquidades de la fornicación, la inmoralidad sexual y lujuria en su vida.
2. Orar para cerrar la puerta que ella había abierto con sus acciones pasadas las cuales habían permitido que el enemigo tuviera acceso a su hijo.
3. Entregar la iniquidad de la lujuria a la cruz de Jesucristo, quien murió por todas nuestras transgresiones e iniquidades (Isaías 53:4-6).
4. Orar para romper el poder de esa iniquidad sobre la vida de su hijo.
5. Orar para intercambiar la iniquidad de la lujuria en Billy por la bendición de la pureza sexual y emocional por la que Cristo murió para que él tuviese.
6. Ejercitar su autoridad en Cristo, y como hombre fuerte (padre) ordenarle al espíritu de lujuria que abandonase a su hijo de inmediato y que se vaya donde Jesús lo envíe.
7. Pedirle al Espíritu Santo que llene de sí a su hijo.

Susan y el pastor estuvieron de acuerdo en tener esta reunión la siguiente semana. Varios meses después, volví a esa ciudad para hablar en otra conferencia. De inmediato, después de mi sesión, Susan vino corriendo y entusiasmada con un niño nuevo a rastras. "¿Me recuerda, me recuerda?", exclamó.

En realidad no la recordaba al principio, dado que había hablado en muchos eventos desde que nos habíamos conocido. Pero cuando comenzó a explicarme su situación, la recordé de inmediato.

"Hicimos lo que usted nos indicó", me dijo. "Mi esposo y yo nos reunimos con nuestro pastor y nuestro hijo. Seguimos los pasos que usted detalló y llegamos al paso de ordenarle al espíritu de lujuria que abandonara a nuestro hijo, vimos una manifestación visible de cómo el espíritu se iba y vimos un cambio total en el comportamiento de Billy".

Susan luego estalló en lágrimas y proclamó: "¡Recuperé a mi hijo! Es un niño normal de cinco años que no sabe nada sobre el sexo. No se recuerda ninguno de los chistes sexuales que solía contar ni tampoco entiende qué significan esas cosas. Cuando le ordenamos al espíritu que le abandonara lo hizo, y hubo una transformación instantánea de mi hijo. Su comportamiento cambió instantáneamente, y también cambiaron su lenguaje y actitud. Muchas gracias".

Susan estaba gozosa y no podía parar de darle gracias a Dios por librar a su hijo. "Nunca antes hubiese imaginado que sería posible que un niño pequeño fuese endemoniado en el momento de la concepción si es que no le hubiera sucedido a mi hijo", dijo Susan, "ni tampoco hubiese visto las consecuencias de mis iniquidades pasadas con mis propios ojos".

¿SE NACE ASÍ?

La experiencia que tuve con Susan y su hijo me demostraban dramáticamente la seria carga que los padres tienen para ser guardias, u hombres fuertes en las vidas de sus hijos. Una vez que pude comprender lo vulnerable que pueden ser los hijos concebidos fuera del matrimonio ante la influencia demoníaca, puede comprender por qué algunas personas quedan atadas a un estilo de vida homosexual creen haber nacido con esa identidad.

Como creyente siempre pensé que nadie podía haber nacido con una identidad homosexual; pensé que debió ser adquirida en algún momento de la niñez. Pero cuando le ministré a un hombre joven unos años atrás, le pregunté por cuanto tiempo había sentido una identidad homosexual, y él me respondió que estaba seguro que desde nacimiento. Mientras oramos, oí que el Señor me decía que el había nacido con esa identidad, pero que no había sido creado así.

Como sus padres no estaban casados cuando él fue concebido ni le proveyeron una cobertura espiritual de protección, este hombre joven había sido poseído por un perverso espíritu mientras estaba en el vientre. Así que cuando dijo que había nacido así, estaba en lo correcto. Después de comprender el origen de su identidad homosexual, pudimos ministrarte y, finalmente, librarle. Desde aquel entonces, he visto esto mismo en muchas otras personas. Solo me ha reforzado la crítica importancia sobre las bendiciones paternales sobre los hijos durante el tiempo de la concepción para que estos tengan una cobertura espiritual provista por el pacto del matrimonio.

LAS MEDIDAS PROTECTORAS DE DIOS EN LA ANTIGUA CULTURA HEBREA

A medida que miramos a las siete etapas críticas de bendición, descubriremos que Dios puso medidas protectoras en la antigua cultura hebrea para asegurar de que los hijos recibirían su mensaje por medio de la bendición y no por medio del mansaje de maldición de Satanás. La protección de Dios usualmente se establecía como leyes, actitudes culturales, ceremonias y tradiciones.[2]

Al conocer el tiempo crítico para la protección y la bendición durante la concepción, Dios estableció las siguientes tres barreras claves en el cultura hebrea antigua.

1. *La ley de Moisés.* Esta requería el castigo capital por fornicación y adulterio (cualquier actividad sexual fuera de la cobertura espiritual del pacto matrimonial).
2. *La actitud cultural hacia los niños.* Los niños eran vistos como una bendición que como un estorbo.
3. *La actitud cultural hacia el matrimonio.* Se entendía claramente de que es un pacto y santo al Señor.

Cuando comencé primeramente a buscar del Señor acerca de las barreras protectoras que Él estableció en la cultura hebrea, me sorprendí al aprender que la Ley de Moisés era una de ellas. Siempre pensé en la ley como algo legalista, severo y arbitrario. No tenía ni idea de que fuera una barrera amorosa y encantadora designada para bendecir a los hijos durante la concepción. Creo que una de las estrategias del enemigo más audaces es que podamos desprendernos de las consecuencias de nuestras elecciones. Si el sexo es simplemente visto como una actividad recreacional o una decisión que se toma entre dos grandes adultos, entonces la Ley de Moisés parece ser menos que el edicto masivo o arbitrario de un Dios vengativo.

Cuando recién comencé a aprender estos conceptos, pasé mucho tiempo en oración. Pregunté: "Señor, la pena de muerte es muy severa. Si aplicáramos esa norma en la iglesia, quedarían muy pocas personas en la congregación. ¿Por qué una consecuencia tan severa?".

Luego oí al Padre decirme, "esa no fue mi severidad, hijo. Esa fue mi gracia, por diez generaciones de hijos". Luego me recordé Deuteronomio 23:2, que habla del enemigo que puede oprimir a los descendientes de aquellos que nacen fuera del matrimonio hasta por diez generaciones. Por primera vez comenzaba a entender. El impacto individual y generacional del pecado siempre es tensión en la sociedad. La misericordia para con la generación que pecó crea una puerta abierta para que el enemigo maldiga y devaste hasta diez generaciones. Por otro lado, tomar una postura más severa contra la generación ofensora trae protección y seguridad por diez generaciones.

Piénselo por un momento. Si en la antigua Israel alguien podía perder la vida por cometer fornicación o adulterio, ¿qué tan probable era que un hijo naciera fuera del matrimonio? No había casi posibilidades. Hoy día, ¿cuál es la probabilidad de que un hijo nazca fuera del matrimonio? En los Estados Unidos, hay casi un cuarenta por ciento de probabilidad en la población general.[3] ¿Así que cuál es verdaderamente misericordioso? Como en verdad hay tensión, debemos preguntar otra cosa: ¿*"misericordia para quien"*? ¿Estamos buscando misericordia para los padres ofensivos o para los niños adolescentes concebidos sin protección espiritual?

No sugiero que volvamos a un sistema legal que requiera la pena de muerte por la fornicación o el adulterio. Sin embargo, sí sugiero que, como creyentes, comprendamos las consecuencias de nuestras acciones y el propósito de las barreras espirituales de Dios. Con tal conocimiento sugiero que creemos, dentro de la comunidad de cristianos, una cultura de bendición en la que la gente, voluntariamente, limita su comportamiento sexual al contexto del matrimonio, por el bien de sus hijos y de muchas generaciones futuras.

La segunda medida protectora de Dios que fuera depositada en la sociedad hebrea, era de alto valor colocado y puesto sobre los hijos. Piénselo. Una de las peores cosas que le podía pasar a una mujer no era la concepción de un hijo; era ser estéril y no tener hijos. Por contraste, en nuestra sociedad, tanto casados como no casados toman grandes medidas para impedir la concepción. Muchos incluso oran para no quedar embarazados. Otra vez, esta es una actitud completamente distinta a la perspectiva hebrea de la Biblia.

Si usted era un hijo en la cultura hebrea, ¿qué tan probable era que tu padre y tu madre trataran de prevenir el embarazo? Otra vez, ¡casi no había posibilidad! Todos querían hijos; los consideraban una bendición. La actitud de Dios hacia los niños, abrazada por la cultura hebrea, se expresa en el salmo 127:3-5: "He aquí, herencia de Jehová son los hijos; Cosa de estima el fruto del vientre. Como saetas en mano del valiente, Así son los hijos habidos en la juventud. Bienaventurado el hombre que llenó su aljaba de ellos; No será avergonzado cuando hablare con los enemigos en la puerta".

En nuestra sociedad de hoy día, ¿qué tan sorprendente es que la concepción de un niño no será buenas noticias para los padres? ¡Hay una gran similitud! Hoy día, en la sociedad occidental una familia grande es considerada como algo raro. En general, incluso entre cristianos, los niños no son considerados una bendición de Dios o una recompensa de Él sino que una carga, una molestia, y un gasto financiero para la familia. Casi todos los niños hubiesen sido bendecidos y bienvenidos en la cultura hebrea, pero esta actitud proactiva casi ha sido destruida en nuestra cultura moderna de iglesia.

La tercera medida preventiva para los niños que he visto en la cultura hebrea era la santidad cultural del matrimonio. En esa cultura el matrimonio era considerado santo ante el Señor (Malaquías 2:13-15), y el divorcio casi nunca era practicado. Por consiguiente, los hijos podían ser concebidos y crecer en un ambiente estable y seguro, afirmado por una madre y un padre casados. Hoy, con el alto índice de divorcio, el matrimonio es menos seguro y la familia no es un ambiente tan estable.

Por estas tres medidas protectoras que Dios estableció en la cultura hebrea bíblica, era muy raro que a un niño se le hubiese maldecido su identidad en el momento de la concepción. Es crítico para los creyentes de hoy comprender la importancia de restablecer una cultura de bendición en nuestras comunidades. Esta es la manera como nuestros hijos pueden tener el mismo ambiente de protección que los hebreos tenían asegurado en la concepción.

En la "Caja de herramientas de bendición" de este capítulo, y de los capítulos cinco al diez, detallo pasos prácticos que usted puede tomar para establecer o restaurar las barreras de protección alrededor de su familia, las cuales son similares a las de la antigua cultura hebrea. En la mayoría de los casos, no podemos restaurar las mismas barreras de protección que existían miles de años atrás. Sin embargo, podemos aprender el camino ancestral de Dios y los principios y ceremonias, tradiciones y prácticas apropiados a nuestra propia cultura que restaurarán la intención del camino ancestral de Dios y crearán una cultura moderna de bendición.

CAJA DE HERRAMIENTAS DE BENDICIÓN

Esta caja de herramienta de bendición provee herramientas prácticas que usted puede usar para crear una cultura de bendición, primeramente en su familia y, en segundo lugar, en su comunidad. Para cada etapa crítica de bendición hay dos conjuntos de herramientas para ayudarle a reparar los daños causados por la falta de bendición en el pasado (remedial) y a establecer una cultura de bendición en su familia ahora (preventiva).

ORACIONES REMEDIALES PARA ROMPER LA MALDICIÓN

Si usted ya tiene un hijo concebido fuera de las barreras protectoras del pacto matrimonial

Le animo a seguir los siguientes pasos. Tal vez usted ore los pasos uno al tres sin su hijo presente. Mientras que esto no es esencial, le sugiero que ore los pasos cuatro al siete delante de su hijo o hija. Si está casado, es importante que usted y su cónyuge oren estos pasos juntos como los guardias espirituales de su hijo o hija. Si usted es un padre solo o una madre sola, ora "las mismas oraciones por cuenta propia".

1. Renunciar a la iniquidad.

Padre, reconozco en este día que he estado atado a la iniquidad de la lujuria, la fornicación, la inmoralidad sexual, [y a cualquier otra iniquidad sexual que Dios traiga a su mente como la masturbación, la pornografía, la homosexualidad, la perversión sexual, el voyerismo, etc.]. *Renuncio a esta iniquidad y te pido que me perdones con la sangre de Jesús y que permitas que esta opere en mi vida.*

Si usted reconoce que esa misma iniquidad operaba en su padre, abuelo, o generaciones pasadas, entonces ore lo siguiente:

Padre, reconozco que mi padre [o abuelo] estaba atado a la iniquidad de la fornicación, el adulterio, la inmoralidad sexual, la pornografía, [o cualquier otra iniquidad]. Él abrió la puerta para que el enemigo entrara a nuestra familia. Hoy perdono a mi padre [o abuelo u otros ancestros] por entretener esta iniquidad y abrirle la puerta para que esta entrara en nuestra familia. Jesucristo derramó Su sangre para librarme de esta iniquidad, y hoy aplico Su sangre para terminar con el poder de esta iniquidad en mi vida. Amén.

2. Ore para cerrar la puerta espiritual abierta.

Padre, reconozco hoy que le abrí la puerta al enemigo para que tuviese acceso a mi hijo/hija en el ámbito de la lujuria, el pecado sexual, la fornicación, la inmoralidad, [o cualquier otra cosa que el Señor le traiga a la mente]. *Yo tuve la autoridad para abrir esta puerta espiritual, y tengo la autoridad para cerrarla. Así que en este día, en el nombre de Jesucristo, cierro toda puerta que abrí en la vida de mi hijo/hija a cualquier iniquidad sexual. Termino la función de esta iniquidad en mi familia en esta generación, y declaro que cesa ahora mismo. En el nombre de Jesús, esta iniquidad no tiene ninguna autoridad para funcionar en mi familia en ninguna generación futura.*

3. Envíe la iniquidad directamente a la cruz de Cristo.

Ahora mismo, despacho esta iniquidad de lujuria, pecado sexual, fornicación, inmoralidad [o cualquier otra cosa que el Señor le traiga a la mente] *a la cruz de Jesucristo. Jesús murió para llevar esa iniquidad sobre sí mismo en la cruz, y ahora mismo envío esa iniquidad a la cruz de Cristo.*

4. Romper el poder de la iniquidad sobre la vida de su hijo.

En el nombre de Jesucristo, ahora mismo rompo con el poder de la iniquidad de la lujuria, el pecado sexual, la fornicación, la inmoralidad [y cualquier otra cosa que el Señor le traiga a la mente] *sobre* [nombre del hijo/hija]. *Declaro que Jesús murió para llevar esta iniquidad sobre sí mismo en la cruz y que esta iniquidad ya no obrará en la vida de* [nombre del hijo/hija].

5. Desate la bendición que Jesucristo compró al morir sobre la vida de su hijo.

Ahora mismo desato sobre [nombre del hijo/hija] *la bendición que Cristo compró al morir por él/ella. Ahora declaro sobre ti* [nombre del hijo/hija] *de que durante todos los días de tu vida solo conocerás la pureza emocional, la pureza sexual y la fidelidad matrimonial. Cualquier hijo que hayas de concebir siempre será concebido dentro de los límites protectores del pacto matrimonial, de este día en adelante.*

*Bendigo el día de tu concepción y declaro que eres desea-
do y bienvenido en esta familia. Tú eres un hijo [o una hija]
legítimo de tu Padre celestial y Él escogió que nacieras para
un tiempo como este. Fuiste concebido justo a tiempo, y se
supone que estés aquí. Dios escogió darte vida y darte a ti
como un regalo para nosotros. Recibimos tu vida como un
regalo único de Dios a nuestra familia, y le agradecemos
a Dios por hacerte parte de nuestra familia en su único y
apropiado tiempo. Eres completamente único, y nadie más
puede lograr o cumplir tu propósito en la tierra. Bendigo tu
vida, tu espíritu, tu salud, tu destino y propósito, y tu lugar
en esta familia. ¡Que seas bendecido en todo lo que eres y en
todo lo que haces desde el día de tu concepción en adelante!*

**6. Ordénele a cualquier espíritu demoníaco
presente que deje a su hijo y que nunca más
vuelva.**

En el nombre de Jesucristo, ordeno que el espíritu de [nom-
bre o función del espíritu] *se vaya de mi hijo/hija y que no
regrese nunca más. Ya no tienes autoridad sobre su vida.
Déjale y ve al lugar donde Jesús te envía.*

**7. Pídale a Dios que llene a su hijo con su Espíritu
Santo.**

Padre, por favor llena a [nombre del hijo/hija] *con tu Espíritu Santo ahora mismo. Le bendigo con la llenura del Espíritu Santo, en el nombre de Jesús.*

Si usted adoptó hijos de los cuales sospecha que fueron concebidos fuera del pacto del matrimonio.

Recuerde que Dios le dio a usted, como padre adoptivo, la autoridad espiritual sobre sus hijos adoptivos. Por lo tanto, puede orar para
romper la iniquidad de la inmoralidad sexual en sus vidas. Los pasos a
tomar son similares a los anteriores.

1. Renuncie a la iniquidad.

Padre, reconocemos en este día que los padres biológicos de [nombre del hijo/hija] *pudieron haber estado atados a la iniquidad de la lujuria, la fornicación, la inmoralidad sexual* [y cualquier otra iniquidad sexual que Dios le traiga a su mente]. *Con la autoridad de Jesucristo, como padres de* [nombre del hijo/hija], *cancelamos el derecho de esta iniquidad de operar en la vida de* [nombre del hijo/hija] *o en cualquier generación futura en su línea de sangre. Perdonamos a los padres biológicos de* [nombre el hijo/hija] *y a las generaciones pasadas por su participación en esta iniquidad y, por medio de la sangre de Jesucristo, cortamos con este pecado de iniquidad sexual en esta generación. Amén.*

2. Ore para cerrar la puerta espiritual abierta.

Padre, reconozco hoy que los padres biológicos de [nombre del hijo/hija] *puedan haber abierto una puerta espiritual para nuestro hijo/hija en el ámbito de la lujuria, el pecado sexual, la fornicación, la inmoralidad* [y cualquier otra cosa que el Señor le traiga a su mente]. *Con la autoridad de Jesucristo, como padres de* [nombre del hijo/hija] *cerramos ahora esta puerta espiritual a cualquier iniquidad sexual en la vida de* [nombre del hijo/hija] *en esta generación y en las generaciones futuras. Terminamos, el día de hoy, con cualquier autoridad legal o espiritual que le fuese dada a Satanás o a sus espíritus demoníacos por los padres biológicos de* [nombre del hijo/hija], *sus abuelos, o generaciones pasadas. Como su padre y madre, dedicamos a* [nombre del hijo/hija] *completamente a Jesucristo y declaramos que él/ella le pertenecen a Dios y le servirán solo a él, en rectitud, todos los días de su vida. Amén.*

3. Ore los pasos cuatro al siete anteriores sobre la vida de su hijo.

1. Tal vez usted también quiera orar esto sobre su hijo adoptado:

Padre, así como hemos sido adoptados e injertados en Tu familia por la sangre de Jesucristo, reafirmamos nuestra decisión de recibir a [nombre del hijo/hija] *para ser adoptado e injertado en nuestra familia.* [Nombre de su hijo/hija], *te bendecimos como nuestro hijo/hija y declaramos sobre ti que eres bienvenido y que perteneces a nuestra familia. Los padres de muchos niños no tienen elección sobre cuál hijo será parte de sus familias, pero nosotros sí teníamos una opción, y hemos escogido que tú seas nuestro hijo/hija. Te escogimos a ti porque eres muy especial y únicamente valioso que la primera vez que oímos acerca de ti te amamos, te deseábamos y sabíamos que Dios quería que tú fueras para de nuestra familia.*

Por lo tanto, hoy declaramos que eres nuestro hijo/hija amado con quien estamos muy complacidos. Te amamos. Te recibimos. Queremos que sepas que te trataremos así como nuestro Padre celestial nos trata a nosotros que somos sus hijos e hijas. Nunca te abandonaremos ni te desampararemos, y siempre serás nuestro hijo/hija a quien amamos. Te bendecimos y declaramos que prosperarás en toda tu vida, en el nombre de Jesús, amén.

ORACIONES PREVENTIVAS PARA DESATAR LA BENDICIÓN

Bendiga el día de la concepción de su futuro hijo.

Padre, te damos permiso de que nos otorgues el regalo de los hijos como mejor te parezca. Señor, reconocemos que los hijos son regalos tuyos, y alegremente aceptamos el regalo de este hijo de Tu mano. Padre, bendecimos por adelantado el espíritu de nuestro hijo incluso en el momento de la concepción, y declaramos que nuestro hijo/hija prosperará y será bendecido según tu propósito todos los días de su vida. Declaramos, Padre, que cualquier hijo que decidas enviarnos será bendecido y pertenecerá en nuestra familia. Y lo bendecimos con un fuerte sentido de que será amado,

*valorado y bienvenido desde el momento de la concepción
en adelante, en el nombre de Jesús, amén.*

Bendiga el día de la concepción de su hijo actual

Padre, te agradecemos por el regalo que [nombre del hijo/
hija] *es para nosotros.* [Nombre de su hijo/hija], *bendecimos el día de tu concepción y declaramos que eres deseado y bienvenido a esta familia. Eres un hijo/hija legítimo de nuestro Padre celestial, y Él escogió que nacieras para un tiempo como este. Fuiste concebido justo a tiempo, y se supone que estés aquí. Dios escogió darte vida y darte a nosotros como regalo. Recibimos tu vida como un regalo único de Dios para nuestra familia, y le agradecemos a Dios por hacerte parte de nuestra familia en su única y especial hora. Eres absolutamente único, y nadie más puede lograr ni cumplir tu propósito en la tierra. Bendecimos tu vida, tu espíritu, tu salud, tu destino y propósito, y tu lugar en nuestra familia. ¡Que seas bendecido en todo lo que eres y en todo lo que harás desde el día de tu concepción en adelante! En el nombre de Jesús, amén.*

Capítulo 5

BENDECIR A SUS HIJOS
EN EL VIENTRE

IREMOS AHORA EL segundo tiempo crítico que Dios planeó para que un niño reciba la bendición paternal: en el vientre. Esta segunda fase clave implica todo el período gestacional, desde la concepción hasta el nacimiento. En el pasado algunas personas pensaban que los niños antes de nacer eran pequeños bultos de carnes inanimados sin pensamientos ni sentimientos. Por supuesto, sabemos por las Escrituras que Dios creó cada niño y sopló el espíritu humano dentro de él o ella en el momento de la concepción. La Biblia deja claro que Dios tenía planes para nosotros antes que fuésemos concebidos.

Te alabaré; *porque formidables, maravillosas son tus obras*; estoy maravillado, y mi alma lo sabe muy bien. No fue encubierto de ti mi cuerpo, bien que en oculto fui formado, y entretejido en lo más profundo de la tierra. Mi embrión vieron tus ojos, y en tu libro estaban escritas todas aquellas cosas que fueron luego formadas, sin faltar una de ellas.
—SALMO 139:14-16, ÉNFASIS AÑADIDO

Así dice Jehová, tu Redentor, *que te formó desde el vientre*.
—ISAÍAS 44:24, ÉNFASIS AÑADIDO

Pero cuando agradó a Dios, *que me apartó desde el vientre de mi madre*, y me llamó por su gracia, revelar a Su Hijo en mí, para que yo le predicase entre los gentiles.
—GÁLATAS 1:15-16, ÉNFASIS AÑADIDO

Así que podemos ver que Dios nos creó y permitió que fuésemos concebidos en el momento correcto. Escuché a un hombre decirlo de esta manera: "Tú no eres un accidente. No fuiste concebido porque tus padres se acostaron juntos muchos años atrás. Tus padres se acostaron juntos porque tú ibas a venir".

Hice esta declaración una vez en una reunión, y luego una madre joven se acercó a mí con lágrimas en sus ojos y dijo, "Yo fui violada de manera violenta cuando tenía quince años y como resultado concebí a mi hijo mayor. ¿Está usted diciendo que fue la voluntad y el plan de Dios que ese hombre me violara porque era el momento para que mi hijo naciera?"

"¡No, por supuesto que no!", le respondí. Le expliqué que la violación no es nunca la voluntad o el plan de Dios para nadie. Lo que el violador le hizo a ella fue un pecado, motivado por Satanás y no por Dios. Sin embargo, Dios usa aún las obras malas del diablo para finalmente bendecirnos y beneficiarnos. Pablo nos dice en Romanos 8:28 que "Y sabemos que a los que aman a Dios, todas las cosas les ayudan a bien, esto es, a los que conforme a Su propósito son llamados".

Así que podemos ver que aunque Dios no es el autor de todas las circunstancias, Él con certeza es el maestro de todas las circunstancias. En este caso de la violación, el enemigo pudo haber pervertido la manera en la que el niño fue concebido, pero él no pudo impedir el propósito final del Dios en la vida de la madre o del niño. Dios sabía que esta trágica violación iba a ocurrir, así que aunque este niño no fue concebido de la manera que Él quería, Dios aun así lo creó y tuvo un propósito y destino en mente para él. Está más allá del alcance de este libro el profundizar para explicar la soberanía de Dios, por qué ocurre la injusticia, o sobre cómo opera el enemigo en la tierra. Para un tratamiento completo de este tema, por favor vea mi libro *If God Is in Control, Then Why…? Trusting a Just God in an Unjust World* [Si Dios tiene el control, entonces por qué…? Confiando en un Dios justo en un mundo injusto], particularmente los capítulos 2 y 3.[1]

Modelo clave

Cuando un niño se encuentra en el vientre, la madre es obviamente el modelo clave en la vida del niño. Mientras que las actitudes, las palabras y las emociones de la madre impactan profundamente al niño que crece, el padre también tiene la poderosa responsabilidad de bendecirlo no solo a su hijo sino también a su esposa. Cómo el padre trata a su esposa durante este tiempo puede tener un efecto significativo en el niño que crece.

Pregunta clave a responderse

Las preguntas claves a responderse por Dios o el enemigo a través de las palabras o emociones de los padres son: *¿Soy aceptado y estoy seguro? ¿Pertenezco aquí?*

Por supuesto que, Satanás y el mundo de las tinieblas quieren usar a los padres para que respondan esta pregunta con un resonante, "No, no eres aceptado. Este lugar no es seguro para ti, y ni siquiera deberías estar aquí. No te queremos. Eres una intrusión, una molestia y un fastidio. Alguien te hizo un chiste cruel y te puso en este ambiente hostil donde no eres aceptado y estás completamente solo para ser atormentado por espíritus demoníacos. Tal vez mueras o simplemente desaparezcas y dejes de molestarnos".

Otra vez, la respuesta de Dios es lo opuesto. Él quiere usar a los dos padres para expresar: "Tú eres aceptado, querido, y estás seguro aquí. Dios hizo una reservación para ti, y hemos estado esperando con gran expectativa y anticipación la emocionante noticia de tu llegada. Te amaremos, te protegeremos, te cuidaremos, te educaremos y te bendeciremos de toda manera posible. No podemos esperar a que nazcas para poder ver con nuestros propios ojos el hermoso regalo que Dios nos dio".

Bendiciendo y maldiciendo
su hijo en el vientre

La identidad de un niño antes de nacer puede ser o bendecida o maldecida desde el momento de la concepción hasta el nacimiento. Por supuesto, el plan de Dios fue que el niño fuese bendecido durante todo el período gestacional, pero esto no siempre sucede. ¿Entonces cómo son la bendición y la maldición en el vientre?

Bendecir a su hijo en el vientre puede incluir:

1. Los padres proveen un ambiente espiritual protegido para el niño manteniéndose dentro de la cobertura protectora del pacto del matrimonio.
2. Expresarle al niño que es deseado, aceptado y recibido.
3. Estar contento del regalo que Dios le ha dado de concebir a un hijo.
4. La madre siendo libre del estrés emocional y de la agitación de su vida.
5. La madre y el padre proveen un ambiente de amor, crianza y gozo.

Maldecir a un hijo en el vientre puede incluir cosas como:

1. Los padres dejan al hijo vulnerable para un ataque demoníaco al proveer la protección espiritual brindada por el pacto del matrimonio.
2. Expresarle al hijo antes de nacer que no es deseado ni bienvenido.
3. Sentir que el hijo es una molestia o una intrusión en la vida de la madre.
4. La madre vive en un ambiente de estrés emocional, agitación, temor, o ansiedad.
5. Los padres no comunican la crianza, el amor, o el valor al hijo.
6. La madre intenta abortar al hijo.

LA INCREÍBLE EXPERIENCIA DE UN NIÑO ANTES DE NACER

No solo la Escritura nos dice que los niños deben ser bendecidos en el vientre, sino también la medicina prenatal y la psicología lo confirman. El libro más interesante e informativo que jamás leí sobre este tema fue escrito por un psiquiatra prenatal llamado Dr. Thomas Verny. Titulado *La vida secreta del niño antes de nacer*, este libro confirma que los padres pueden bendecir o maldecir la identidad del niño en el vientre y tales imparticiones pueden afectar la imagen de sí mismo del niño por el resto de su vida. Un niño antes de nacer no es solo un "feto" inanimado. Es una persona real que siente y cuya identidad y percepción de sí mismo son formadas fuertemente por las palabras de su padres, las emociones y las actitudes. El Dr. Verny escribe:

> Sabemos que un niño antes de nacer es un ser humano consciente y que reacciona, quien desde el sexto mes en adelante (y tal vez aún más temprano) lleva una vida emocional activa. Junto con este hallazgo sorprendente hemos hecho estos descubrimientos:
>
> - El feto puede ver, oír, experimentar, degustar, y, en un nivel primitivo, aún puede aprender en el *útero* (esto es, en el útero, antes de nacer). Más importante, él puede *sentir*, no con una complejidad adulta, pero igual siente.
> - Una consecuencia de este descubrimiento es que lo que el niño siente y percibe comienza a formar sus actitudes y expectativas sobre sí mismo. Sin importar si él se ve a sí mismo y, por lo tanto, actúa como una persona feliz o triste, agresiva o sumisa, segura o llena de ansiedades, dependiendo, en parte, de los mensajes que él percibe sobre sí mismo en el vientre.
> - La principal fuente de estos mensajes es la madre del niño. *Esto no quiere decir que cada breve preocupación, duda o ansiedad que una mujer tiene afecte a su hijo. Lo que importa son los patrones* persistentes profundos del sentimiento. Ansiedad crónica o una ambivalencia giratoria sobre la maternidad pueden dejar una profunda cicatriz en la personalidad de un niño antes de nacer. Por otro lado, las emociones edificantes como el gozo, la euforia y la anticipación pueden contribuir significativamente en el desarrollo emocional de un niño saludable.[2]

El Dr. Verny dice que su libro "está basado en el descubrimiento de que un niño antes de nacer es un ser con *sentimiento, recuerdos y percepciones,* y por ser así, lo que le sucede a él, lo que nos sucede a todos nosotros, en los nueve meses entre la concepción y el nacimiento moldea y forma la personalidad, los impulsos y las ambiciones en maneras importantes".[3]

No solo los niños en el vientre sienten un impacto emocional, sino que también el Dr. Verny cuenta varias historias de niños que aprenden palabras, frases, palabras en otro idioma, y aún obras musicales mientras están en el vientre. Él nos cuenta una notable historia de un talentoso conductor filarmónico, Boris Brott, a quien le preguntaron en una entrevista radial cuándo fue la primera vez que él se interesó por la música.

Él [Brott] titubeó un momento y dijo, "Sabes, esto tal vez sueñe extraño, pero la música es parte de mí aún antes de nacer". Perplejo, el entrevistador le pidió que lo explicara.

"Bueno", dijo Brott, "cuando era joven, estaba desconcertado por esta inusual habilidad que yo tenía, de poder tocar ciertas piezas sin ver. Podía estar conduciendo una partitura por primera vez y, de repente, la línea del violonchelo saltaba a la vista; sabía el fluir de la pieza aún antes de que diera vuelta la página de la partitura. Un día, le mencioné esto a mi madre, quien era una violonchelista profesional. Pensé que iba a estar intrigada porque siempre era la línea del violonchelo la que era tan perceptible en mi mente. Ella lo estaba, pero cuando escuchó en cuales piezas ocurría esto, el misterio se resolvió rápidamente por sí solo. Todas las partituras que yo sabía sin mirar eran las que ella había tocado cuando estaba embarazada de mí.[4]

Cómo creyentes, sabemos que Dios sopla el espíritu humano en un niño en el mismo momento de la concepción. Dr. Verny cita investigaciones que una vez más confirman que los padres pueden bendecir o maldecir la identidad de un niño desde el momento de la concepción en adelante. Refiriéndose al niño antes de nacer, el Dr. Verny dice:

Él puede sentir y reaccionar no solo a grandes, indiferenciadas emociones como el amor y el odio, pero también a estados de sentimiento más oscuros y complejos como la ambivalencia y la ambigüedad.

Precisamente en qué momento las células de su cerebro adquieren esta habilidad es todavía desconocida. Un grupo de investigadores cree que *algo como la consciencia existe desde los primeros momentos de la concepción.* Cómo evidencia, ellos señalan a los miles de mujeres perfectamente sanas que reiteradamente abortan espontáneamente. Se especula que en las primeras semanas, tal vez horas, luego de la concepción, el óvulo fertilizado posee suficiente consciencia de sí mismo para sentir el rechazo y esto es suficiente para que actúe sobre esto.[5]

Así que podemos ver que la identidad de los niños puede ser bendecida o maldecida con imparticiones espirituales, emocionales, verbales o físicas de sus padres aun siendo pequeños bebés en el vientre. El estudio del Dr. Verny demuestra que los niños en el vientre son más sensibles que los adultos a las emociones y la comunicación de la madre o del padre.

Un adulto, y en un menor grado un niño, tuvo tiempo de desarrollar defensas y respuestas. Él puede suavizar o desviar el impacto de la experiencia. El niño antes de nacer no puede hacer esto. Lo que lo afecta lo hace directamente. Es por esto que las emociones maternales se graban tan profundamente en su mente y se mantienen atadas tan poderosamente más tarde en la vida. Muy rara vez las grandes características de la personalidad cambian. Si el optimismo está grabado en la mente de un niño antes de nacer, le tomará bastante adversidad más tarde para poder borrarla.[6]

El Dr. Verny continúa explicando que cuando una mujer embarazada no se comunica con su hijo antes de nacer, ese niño siente como si estuviera en un cuarto por seis, siete y ocho meses sin ninguna conexión emocional o intelectual.

Él [el niño antes de nacer] tiene que sentirse amado y deseado tan urgentemente, y tal vez aún más, cómo nosotros. Se le debe hablar y pensar en él; de otra manera su espíritu y a veces su cuerpo, también, comienza a marchitarse...Grandemente, la personalidad de un niño antes de nacer que una mujer lleva es una función de la calidad de la comunicación entre madre e hijo y también de su particularidad. Si la comunicación fue abundante, rica y, mucho más importante, educativa, la probabilidad es muy buena de que el bebé será robusto, sano y feliz.

Esta comunicación es una parte importante de la vinculación afectiva.[7]

BENDICIENDO A UN NIÑO EN EL VIENTRE

Podemos ver que la psicología prenatal secular confirma que un niño necesita recibir bendición, enseñanza y amor durante el tiempo que se pasa en el vientre. Tanto el padre cómo la madre pueden bendecir sus hijos en el vientre hablándoles, orando por ellos, nutriéndolos, amándolos y básicamente tratándolos cómo personas reales aun cuando todavía no puedan verlos físicamente. Es el privilegio y la responsabilidad de los padres de comunicarles a sus hijos el mensaje de Dios de que "tú eres aceptado, amado y bienvenido. Este es un lugar seguro para que tú estés, para que crezcas, y para recibir nuestro amor".

Aunque la madre es la persona principal que Dios está usando para impartir su mensaje a su hijo antes de nacer, el padre también es un factor muy importante en la bendición del niño. El Dr. Verny explica.

> Todo lo que le afecta a ella (la madre) lo afecta a él (el niño). Y nada le afecta a ella tan profundamente o la golpea con un impacto tan lacerante como las preocupaciones por su esposo (o compañero). Por eso, muy pocas cosas son más peligrosas para un niño, emocional y físicamente, que un padre que abusa de o descuida a su esposa embarazada.
>
> Otro factor igualmente vital en el bienestar emocional del niño es el compromiso de su padre con el matrimonio. Por obvias razones sicológicas, el hombre tiene algo de desventaja aquí. El niño no es una parte orgánica de él. Pero no todos los impedimentos físicos del embarazo son insuperables. Algo tan simple como hablar es un buen ejemplo: el niño oye la voz de su padre en el útero, y hay sólida evidencia de que oír esa voz hace una gran diferencia emocional. En algunos casos cuando

un hombre le hablaba a su hijo en el útero utilizando suaves y apacibles palabras, el recién nacido pudo distinguir la voz de su padre en un cuarto incluso dentro de la primera hora de vida. Más que distinguirla, él responde a ella emocionalmente. Si él está llorando, por ejemplo, dejará de hacerlo. Ese sonido familiar le dejará saber que está a salvo.[8]

Varios años atrás un amigo me contó la historia de su nieto antes de nacer que confirmó el valor de la bendición de un niño en el vientre. Habiendo entendido el valor crítico de bendecir a su nieto en el vientre, mi amigo John le enseñó a su hija y a su yerno a hablar bendiciones sobre su bebé desde el día que se enteraron del embarazo. John también oró y le habló palabras de bendición, amor y enseñanza al bebé cada vez que estaba cerca de su hija.

Frecuentemente se arrodillaba y le hablaba directamente a su nieto en el vientre. "Hola, pequeño", decía. "Este es tu abuelo. ¡Te amo! Eres tan precioso para mí. Tú eres un regalo de Dios para nosotros, y no puedo ver la hora que nazcas para verte, agarrarte, besar tu pequeña cara, mirarte a los ojos y decirte lo mucho que te amo. Tú eres un gran hombre de Dios que va a sacudir a las naciones mientras vivas".

John estaba en el hospital el día que nació su nieto. Luego que limpiaron al bebé, la enfermera se lo entregó a su padre y a su madre para que lo amaran y lo agarraran. Cuando el bebé fue devuelto a la enfermera, él comenzó a llorar. John preguntó si él podía sostener a su nuevo nieto. La enfermera le entregó el bebé a John. Él lo arrulló, lo miró a los ojos y comenzó a decirle: "Hola, pequeño. Este es tu abuelo. ¡Te amo! Eres tan precioso para mí. Tú eres un regalo de Dios para nosotros".

John dijo que desde el momento que comenzó a hablar el bebé dejó de llorar y lo miró a los ojos. John dijo que era obvio que el bebé había reconocido la voz que le había estado hablando los últimos ocho meses. El nieto de John respondió a la voz familiar y parecía sentirse seguro, tranquilo y en paz en los amorosos brazos del abuelo al que jamás había visto pero cuya bendición él había recibido durante toda su vida en el vientre.

Desde que John compartió esta historia conmigo muchos años atrás, he oído historias similares muchas veces de padres y madres jóvenes que entendieron el privilegio y la responsabilidad de bendecir a su hijo antes de nacer. Esta bendición tiene el potencial de crear un fuerte sentido de seguridad interna y paz en el corazón del niño la cual durará toda su vida.

La Escritura también registra el reconocimiento y la bendición de los niños en el vientre en la interacción entre María y su parienta lejana Elisabet. María la madre de Jesús fue a visitar a Elisabet. "Cuando oyó Elisabet la salutación de María, la criatura saltó en su vientre; y Elisabet fue llena del Espíritu Santo, y exclamó a gran voz, y dijo: 'Bendita tú entre las mujeres, ¡y bendito el fruto de tu vientre! ¿Por qué se me concede esto a mí, que la madre de mi Señor venga a mí? *Porque tan pronto como llegó la voz de tu salutación a mis oídos, la criatura saltó de alegría en mi vientre*'" (Lucas 1:41-44, énfasis añadido).

MALDICIENDO A UN NIÑO EN EL VIENTRE

Así como un niño puede ser bendecido en el vientre, así también puede la identidad de un niño ser maldecida en el vientre. Muchos años atrás mientras estaba buscando al Señor, me llevó a una escritura clave sobre los efectos duraderos que la maldición de la identidad de un niño en vientre puede tener en la vida de las personas. El salmista David escribió: "Se apartaron los impíos desde la matriz; se descarriaron hablando mentira desde que nacieron" (Sal. 58:3).

Primero pensé que esta escritura no podía aplicarse a mí o a ningún creyente porque nosotros no somos "impíos" sino redimidos. Pero luego de realizar un corto estudio de la palabra, encontré que el término hebreo traducido "impío" en este versículo es *rasha*. Esta palabra, por supuesto, significa malo o profano, pero algunos de los significados ampliados captaron mi atención, incluyendo: "estar en un estado inquieto y agitado; saturado con varias pasiones perversas, distraídos por muchas formas de iniquidad, sin tener paz de consciencia y con una conmoción violenta por dentro".[9]

Mientras leía esto, me di cuenta de que esta palabra puede aplicarse a muchas personas que conocí, personas que en sus vidas adultas se encuentran en un estado agitado, e inquieto del alma, distraído y abatido por muchas pasiones.

La palabra hebrea traducida "apartado" es *zuwr*. Esta palabra también puede significar "estar alineado, dado vuelta y ser tratado como un enemigo, o hecho sentir ilegítimo, o de otra familia". [10] La frase que realmente llamó mi atención fue "de otra familia". Este sentimiento puede ser impartido a un niño en el vientre si se lo hace sentir como un enemigo o como si él no perteneciera a la familia. El niño antes de nacer puede sentir que: "Alguien me jugó una cruel broma poniéndome en este ambiente hostil en el cual no soy bienvenido, querido, y sin protección".

Esto puede ser similar a lo que sentiría una persona si descubriera que no es bienvenido en una fiesta a la cual él pensó estar invitado. Si usted se apareciera a una fiesta forma por invitación solamente pensando que su nombre estaba en la lista de invitados solo para descubrir en la puerta que su nombre no está en la lista, usted se sentiría bastante rechazado. En una situación como ésta usted simplemente se daría vuelta y se iría, mientras se diría a usted mismo: "Bueno, ahora sé dónde no soy aceptado".

Sin embargo, un niño que se aparece en el vientre de su madre y tiene la misma experiencia no puede simplemente dar la vuelta e irse. Él no tiene dónde irse. Este niño es forzado a permanecer en este ambiente hostil, incurriendo el rechazo y el desprecio del anfitrión todos los días. Esto puede fácilmente crear el sentimiento de aislamiento, rechazo, equivocación de ser (vergüenza). El niño no ha hecho nada malo. Su existencia es considerada un error. Por consiguiente, si propia identidad es maldita desde el vientre.

La tercer frase significativa en Salmo 58:3 es "descarriado". Esta es la palabra hebrea *ta'ah*. Algunos de los significados de esta palabra son "deambular, vacilar, dar vueltas o aislarse, tambalearse como un hombre borracho." [11] Por lo tanto el resultado de estar distanciado en el vientre es que cuando se es adulto, uno se descarría. Si aplicamos estas tres definiciones ampliadas al pasaje de la Escritura, el versículo se leería más o menos así:

El hombre (o la mujer) que se encuentra inquieto, en un estado intranquilo, saturado con varias pasiones perversas, distraído por varias formas de iniquidades, y sin tener paz en la consciencia, y con una conmoción violenta por dentro fue enajenado, dejado de lado, tratado como un enemigo, y se le hizo sentir ilegítimo o del vientre de otra familia. Estos que hablan mentiras desde el momento del nacimiento deambula, vacilan, dan vueltas o se aíslan, para tambalearse por la vida como un hombre borracho.

Durante los años en el ministerio conocí a muchas personas que parecen tener lo que yo llamo como un "espíritu gitano". No importa dónde estén o lo que estén haciendo, nunca están felices. El pasto siempre es más verde en otro lugar. Nunca se sienten en casa. Por consiguiente, esta persona deambula en su vida cristiana de iglesia en iglesia. Algunas veces deambula de trabajo en trabajo, ciudad en ciudad, o aún de relación en relación. Cuando miras al curso de su vida, no es derecha. Es un patrón en zigzag sin estabilidad. Esta persona está deambulando literalmente a través de la vida como un hombre borracho.

Cuando las personas son rechazadas y maldecidas en vez de bendecida en el vientre, esto muchas veces resulta en un alma inquieta durante la niñez y edad adulta. Cuando el alma no tiene paz, la carne siempre está ocupada buscando traer un confort falso al alma a través de varias formas de iniquidad como se describió más arriba. Como el alma nunca está descansando, esta persona nunca está en casa y está siempre buscando por algo o alguien otro.

Junto con esto, muchos hábitos, sentimientos y actitudes negativas en la vida adulta pueden resultar directamente del distanciamiento en el vientre. Muchas veces estos no son patrones de pecado externo serios como el asesinato, el alcoholismo, el adulterio o la violencia física pero son simplemente hábitos negativos o patrones de respuestas emocionales que son muy difíciles de cambiar.

Cuando ministro a personas en este estado, le pido al Señor que me revele la raíz del comportamiento, y muchas veces Él nos guió a ministrar sobre los efectos del rechazo y la maldición en el vientre. Muchas personas experimentaron un cambio completo en su comportamiento de adulto y experiencia de vida luego de tener un encuentro con el Señor en uno de nuestras enseñanzas "Blessing Generations Experiences" [Experiencias de bendición a las generaciones].[12]

Un hombre había luchado toda su vida con la postergación y con llegar tarde a las citas. Primero oramos y le pedimos al Señor que le revelara a este hombre la raíz de estos síntomas. Mientras esperamos, el lentamente dobló de su silla, luego cayó al piso, se acurrucó en una posición fetal y comenzó a llorar tranquilamente. Cuando le pregunté qué era lo que le estaba sucediendo, el hombre dijo que cuando le pedimos al Señor que le revelara la causa de su postergación, él sintió un gran sentimiento de estar en el vientre de su madre y no querer nacer.

El escuchó muchas voces enojadas y molestias por parte de su madre por su existencia. Semanas antes que él naciera, la madre y el padre del hombre se peleaban con frecuencia, y hubo varios arrebatos emocionales entre ellos. Él estaba reviviendo esta experiencia de estar caliente, seguro y tranquilo en el vientre de su madre y de no querer salir al ambiente hostil que él escuchaba afuera.

Este hombre más tarde nos contó que nació más de tres semanas más tarde que su fecha de parto. Cuando invitamos al Señor Jesús que le ministrara, él sintió al Señor remover la profunda mentira de que él no sería aceptado o recibido en ninguna nueva situación. Esa mentira fue reemplazada con la verdad de que él sería aceptado y bienvenido. Yo podía ver que algo significativo ocurrió en la vida de este hombre, y él luego nos contó que ya no luchaba más con el sentimiento de no ser querido o de no querer encontrarse con lo desconocido. Los sentimientos de temor y tormento ya no estaban más ahí. Luego de ese fin de semana muy rara vez llegaba tarde a sus citas, y su lucha con la postergación había sido eliminada completamente. Toda su vida había sido transformada cuando el Señor reemplazó la profunda mentira emocional que él hombre recibió en el vientre con su verdad (ver Juan 8:32).

Otra notable experiencia que demuestra el poder de las imparticiones en el vientre ocurrida durante una "Ancient Paths Experience" [Experiencia de Caminos Ancestrales] varios años atrás. Una mujer holandesa dijo que ella tenía un significativo ataque de depresión por muchas semanas en el mismo tiempo todos los años. Había consultado a varios profesionales médicos y había estado combatiendo esta depresión en oración por muchos años, pero la depresión aún regresaba. Otra vez, simplemente le pedimos al Señor que le revelara a ella la raíz de su depresión. En segundos ella estaba experimentando un intenso sentimiento de abandono, pérdida y dolor. Ella le pidió al Señor que le mostrara el origen de esta intensa emoción. En ese momento el Espíritu Santo le mostró que una gran tristeza la había inundado a ella en el vientre.

Siendo concebida en Holanda durante la Segunda Guerra Mundial, ella nunca conoció a su padre. Él se había ido a pelear con el ejército holandés luego que fue concebida, y desafortunadamente lo mataron en una batalla y él nunca regresó a su casa. Durante el curso de su oración la mujer se dio cuenta de que el sentimiento de una pérdida intensa se le había sido impartido a ella a través de su madre cuando la familia recibió la noticia de la muerte de su padre. Durante el tiempo de ministración el Señor removió estos intensos sentimientos y las mentiras ligadas a esos, y Él los reemplazó con la impartición de la bendición que Él quería que ella recibiera en el vientre. Otra vez, esto resultó ser una experiencia que le cambió la vida a ella.

Luego del tiempo de ministración la mujer se dio cuenta de que el momento del año en el que ella batallaba con la depresión era exactamente durante el tiempo que las noticias de la muerte de su padre habían llegado a su familia. Intensos sentimientos de abandono, pérdida, dolor y tristeza habían inundado poderosamente a su madre que estos fueron subsecuentemente impartidos a ella en el vientre. Hablé con esta mujer varios años más tarde, y ella me dijo que estaba completamente libre de su ciclo anual de depresión y que nunca más volvió a sentir las mismas emociones intensas desde el momento de la ministración.

Años más tarde encontré el libro del Dr. Verny, el cual me dio un mejor entendimiento de cómo y por qué una involuntaria e inevitable impartición de emoción negativa de una madre a su hijo antes de nacer puede resultar en una lucha para toda la vida con la depresión para el niño. El Dr. Verny escribe:

Algunas formas de depresión se pueden originar en el útero. Usualmente, estas son producto de una gran pérdida. Por cualquier razón, enfermedad o distracción, una madre retira su amor y apoyo del niño antes de nacer; esa pérdida lo sumerge a él en la depresión. Usted puede ver los efectos después de esto en un bebé recién nacido apático o en un muchacho de dieciséis años distraído; porque, al igual que otros patrones emocionales marcados en el útero, la depresión puede plagar al niño por el resto de su vida.[13]

Otros sentimientos que pueden ser producto de la maldición de la identidad en el vientre son:

- Rechazo
- Depresión
- Temor
- Lujuria
- Ira
- Culpa
- "Yo soy un error".
- "Yo no pedí nacer".
- "Yo no pertenezco".

La maldición de la identidad durante el tiempo en el vientre no es la única causa de estos sentimientos, pero es una gran raíz de emociones y experiencias negativas más tarde en la vida.

LAS MEDIDAS PROTECTORAS DE DIOS EN LA ANTIGUA CULTURA HEBREA

Dios estaba tan decidido que nadie recibiera el mensaje de Satanás en el vientre que colocó medidas protectoras en la antigua cultura hebrea. Dios usó los mismos tres valores protectores mencionados en el capítulo anterior para proteger a un niño en el vientre. Además de esos tres, la Ley de Moisés y las actitudes culturales con relación a los niños y el matrimonio, había otra práctica común en la cultura hebrea bíblica que facilitaba la bendición de un niño en el vientre y protegía al niño contra la maldición. Era la práctica de aliviar a la madre embarazada de la mayoría de sus tareas en las etapas más avanzadas del embarazo.

En nuestra cultura moderna el nacimiento de un niño casi que ni es un evento. Muchas veces la madre trabaja hasta que rompe bolsa y luego sale rápido hacia el hospital para tener al bebé. Luego de una corta "licencia por maternidad" la madre vuelve al trabajo, el bebé va a la guardería, y la vida continúa como si nada hubiese ocurrido.

En contraste, en la antigua cultura hebrea las noticias del embarazo era razón para celebrar. Como los niños eran considerados un regalo de Dios, la madre embarazada era tratada con un cuidado y honor especial. Primero, en general las mujeres no trabajaban fuera de sus hogares. Cuidar a su familia era considerado un gran llamado. Otra vez, en nuestra cultura moderna, aún en muchos círculos cristianos, una mujer que es "simplemente una mamá en la casa" a veces es vista como sin hacer uso valioso de su tiempo e intelecto.

Típicamente en la cultura bíblica, la madre embarazada no solo estaba en la casa, sino que también en el último o aun por dos trimestres su familia extendida hacía la mayoría de las tareas del hogar. A la madre expectante se la animaba que pasara su tiempo orando, cuidando de sí misma y el niño antes de nacer y preparándose para el nacimiento. En la familia hebrea el niño antes de nacer era una gran prioridad tanto para la madre como para la familia en general. Esta medida protectora establecida por Dios creaba la máxima oportunidad para que el niño antes de nacer recibiera una impartición regular de bendición mientras estaba en el vientre. Otra vez, es importante que nosotros hoy restablezcamos en nuestras comunidades una cultura de bendición que facilite esta misma bendición a los niños en el vientre.

CAJAS DE HERRAMIENTAS DE BENDICIÓN

Miremos ahora oraciones específicas para orar sobre los niños en el vientre. Otra vez, si el padre y la madre están disponibles, te animo que oren cualquiera de las oraciones pertinentes juntos como una pareja. Si solo un padre está disponible, entonces ore individualmente. Todas las oraciones abajo son ejemplos que usted puede usar para crear sus propias oraciones y bendiciones personalizadas para hablar sobre su hijo. No tiene que usar exactamente las mismas palabras; fueron escritas simplemente para ser un punto de referencia.

ORACIONES REMEDIALES PARA ROMPER LA MALDICIÓN

Si usted trató de abortar su hijo

Tratar de abortar a un niño en el vientre, por supuesto que es una de las maneras más poderosas de impartir el mensaje de identidad de Satanás. Estas son malas noticias. Las buenas noticias es que Jesucristo murió y derramó su sangre para perdonarlo de su pecado y para sanar, restaurar y bendecir la identidad de su hijo. Si trató de abortar a su hijo, le animo a que siga los siguientes pasos.

1. Renuncie y arrepiéntase del pecado de intento de asesinato y reciba el perdón.

Padre, hoy reconozco que he pecado contra ti y contra mi hijo/hija al tratar de abortar a mi hijo/a. Admito que el aborto es asesinato, así que admito que yo traté de cometer asesinato. Señor, renuncio el pecado de intento de asesinato, y me arrepiento de esto y me alejo de esto completamente. No puedo pagar por este pecado, pero reconozco de Jesucristo murió para pagar mi pecado. Hoy recibo la sangre de Jesús para pagar por el intento de asesinato de mi hijo/a, y como Jesús pagó por este pecado, hoy recibo tú perdón. Padre, porque tú me has perdonado, hoy me perdono a mí mismo por el pecado de intento de asesinato.

2. Ore bendición sobre la vida de su hijo/a

Padre, ahora bendecimos a [el nombre de su hijo/a] *en el poderoso nombre de Jesucristo con vida, saludad y paz. Declaramos sobre* [el nombre de su hijo/a] *que él/ella es querido, aceptado y está seguro aquí en nuestra familia. Tú nos diste a él/ella a nosotros, y hoy recibimos a* [el nombre de su hijo/a] *como el precioso regalo que él/ella es para nosotros.*

[El nombre de su hijo/a], *bendecimos el tiempo que pasas en el vientre de tu madre. Por la sangre de Jesucristo rompemos el poder de cada mensaje que el enemigo trató de enviarte. Declaramos sobre ti que fuiste concebido por la voluntad de Dios en el momento correcto. Bendecimos el día de tu concepción y cada día que pasaste en el vientre de tú madre hasta el día en que naciste. Dios te mantuvo seguro en el vientre de tu madre, y naciste justo a tiempo. Tú eres nuestro hijo, y nosotros te amamos. Recibimos tu vida como un regalo único de Dios para nuestra familia, y le agradecemos a Dios por haberte hecho parte de nuestra familia en Su tiempo único y especial. Tú eres absolutamente único, y nadie más puede lograr o cumplir tu propósito en la tierra. Bendecimos tu vida, tu espíritu, tu salud, tu destino y propósito, y tu lugar en nuestra familia. Que puedas ser bendecido en todo lo que eres y en todo lo que haces todos los días de tu vida.*

Si usted consideró a su hijo/a como una intrusión en su vida o maldijo la identidad de su hijo/a mientras él/ella estaba en su vientre

1. *Renuncie y arrepiéntase por haber inadvertidamente o intencionalmente maldecido la identidad de su hijo y reciba el perdón.*

Padre, hoy reconozco que yo fui un agente del enemigo para enviar a mi hijo/a un mensaje equivocado de identidad. Señor, renuncio al pecado de maldecir la identidad de mi hijo/a, y me arrepiento de esto y me alejo completamente de esto. No puedo pagar por esto, pero reconozco que Jesucristo murió para pagar por mi pecado. Hoy recibo la sangre de Jesús para pagar por mi maldición sobre la identidad de mi hijo/a, y como Jesús pagó por este pecado, hoy recibo tú perdón. Padre, porque tú me has perdonado, hoy me perdono a mí mismo por maldecir la identidad de mi hijo/a.

2. *Ore bendición sobre la vida de su hijo/a*

Sugiero la misma oración de bendición sobre su hijo/a que incluí arriba.

Si nunca supo que tenía que orar bendición sobre su hijo/a durante su tiempo en el vientre

Si no sabía del valor de bendecir a su hijo/a en el vientre, le sugiero que ore ahora sobre su hijo la misma oración de bendición incluida arriba.

ORACIONES PREVENTIVAS PARA SOLTAR LA BENDICIÓN

Ahora que usted entiende el propósito de Dios de que cada niño sea bendecido en el vientre, comience hoy a bendecir a cada niño o nieto que Dios le dé cada día mientras están creciendo en el vientre. Ore por el niño y diga palabras de amor, bienvenida y bendición. Le sugiero que ore algo así:

> *Padre Dios, gracias por* [el nombre de su hijo/a]. *Él/Ella es un regalo precioso para nosotros. Oramos para que tú lo/a mantengas fuerte y saludable y llena de vida en el vientre. Señor, llena a* [el nombre de su hijo/a] *con tu Santo Espíritu aún ahora en el vientre y que él/ella pueda sentir Tú amor y protección hoy en el vientre.*
>
> *Hola, pequeñín, este es tu padre/madre* [o abuelo/abuela]. *Te amo. No veo la hora de verte cuando nazcas y besar tu preciosa carita. Estamos tan contentos de que estés aquí, y siempre estaremos aquí para ti, te cuidaremos y te mantendremos seguro. Tú perteneces a esta familia, y tú tienes un lugar aquí con nosotros. Tú fuiste hecho maravillosa y admirablemente por Dios, y Él te ha apartado aun desde el vientre de tu madre para que sirvas al Señor Jesucristo todos los días de tu vida. Declaro hoy que tu vida está completamente fuera de los límites de Satanás y de todos los espíritus demoníacos. Declaramos que tú estás dedicado en cada aspecto de tu vida al Señor Jesucristo y a su plan y propósito para ti hoy y todos los días de tu vida.*
>
> *Tú eres una bendición para todos los que conozcas, y puedes esperar contar con el favor de Dios en tu vida dondequiera que vayas. Eres absolutamente único, y nadie más*

puede ser quien Dios te creó que fueses o hacer lo que Dios te ha regalado que hagas. Quiero que sepas que tú siempre estarás seguro y serás bienvenido aquí. No hay nada que tú jamás puedas hacer que cause que te rechacemos o te abandonemos. Bendigo tu espíritu hoy con la vida de Dios. Bendigo tu mente con inteligencia y sabiduría. Bendigo tus emociones con entusiasmo, seguridad y paz. Bendigo tu cuerpo con salud física y vida. Que puedas creer y desarrollarte en cada aspecto, espíritu, alma y cuerpo, en la persona que Dios planeó que fueses. Que puedas permanecer en el amor y la paz de Dios hoy, en el nombre de Jesús, amén.

Capítulo 6

BENDECIR A SUS HIJOS EN EL NACIMIENTO

Yo CREO QUE hay una fiesta en el cielo cada vez que nace un niño. Los ángeles se regocijan, y el Padre mira a la nueva personita que Él creó y declara algo parecido a lo que Él dijo en Génesis después de cada paso de la creación: "He aquí que era bueno" (Génesis 1:31). Dios estaba complacido con usted cuando nació, y Él estaba complacido con cada niño que nació en su familia.

MODELO CLAVE

Los dos padres juegan un papel importante impartiendo un mensaje al corazón del niño en el momento del nacimiento. Dios planea usar al padre y a la madre para impartir amor y aceptación de la persona y sexo del niño. Además, aunque el padre es muy importante para impartir la bendición, es principalmente la madre quien va a contestar la pregunta clave en el corazón del niño.

PREGUNTA CLAVE A RESPONDERSE

Las preguntas claves que tanto Dios como Satanás van a responder a través de la agencia de padres son: *¿Soy yo quién esperaban y querían? ¿Estoy bien, o hay algo mal en mí? ¿Alguien va a cuidar de mí?*

Probablemente ninguno de nosotros recuerde cuando nació, pero estoy seguro de que debe ser una experiencia escalofriante para un bebé. Salir del ambiente calentito y protegido del vientre, dónde todas las necesidades del niño son suplidas, a un ambiente frío, ruidoso y desprotegido debe ser espantoso. Es por eso que la pregunta inmediata en el corazón del niño es, "¿Quién cuidará de mí?".

Nadie nunca trajo a un bebé a la casa del hospital y dijo: "Bienvenido a tu nueva casa. Este es tu cuarto. El baño está por el pasillo. Más allá está la cocina. Sírvete tú mismo lo que quieras. Estamos tan contentos que estés aquí. Ponte cómodo en casa". Un bebé es completamente indefenso. Él no puede satisfacer ninguna de sus necesidades, y sin ayuda morirá. Así que una vez que acontece el nacimiento, el recién nacido necesita saber si sus necesidades continuarán siendo satisfechas aunque no sigue protegido y va a ser cuidado automáticamente como si estuviera en el vientre.

Por supuesto, el enemigo va a querer decirle al niño: "Estás completamente solo ahora sin nadie que te ame o cuide de ti. Hay algo mal en ti, y como consecuencia nadie te quiere, y nadie va a cuidar de ti. Debes arreglártelas solo, y cómo no puedes hacerlo, morirás".

Dios, por el otro lado, planea usar a los padres para enviar exactamente el mensaje opuesto. Su mensaje es: "¡Bienvenido! Se supone que estés aquí. Eres un regalo de Dios para nosotros. Hemos estado esperando verte cara a cara, y eres más maravilloso y hermoso de lo que imaginamos. Eres exactamente lo que queríamos. ¡Eres perfecto! Estamos aquí para satisfacer todas tus necesidades. No hay necesidad de que temas o te preocupes por nada. Simplemente puedes ponerte cómodo y relajarte. Este es el único momento en tu vida en el que no tendrás responsabilidades y cargas o presiones. Otros atenderán cada necesidad que tengas. Un agente específico de Dios, tu mamá, hará de ti y tus necesidades su principal prioridad en su agenda. Te amamos y te bendecimos, y te damos la bienvenida a nuestra familia".

Bendición y maldición a la hora de nacer

Fue el plan del Padre de que cada niño reciba la bendición de sus padres justo a la hora de nacer. Creo que la intención de Dios es que haya un mensaje claro del corazón del Padre, por medio de los padres, al corazón del hijo. Sin embargo, si los padres sienten decepción, miedo, estrés o trauma, el mensaje que ellos envían puede ser otro que el del corazón de Dios. ¿Cómo puede ser la bendición o la maldición en el nacimiento?

Bendecir en el nacimiento puede involucrar:

1. Asegurarse de que el niño reciba comunicación verbal y física de los padres de que es querido, aceptado y bienvenido, y que la madre provea amor y nutrición física.
2. Que los padres reciban al niño con el sexo que Dios lo creó.
3. Que los padres impartan un nombre con un significado espiritual y que tengan un tiempo de impartición espiritual con el niño luego de nacer.
4. Un nacimiento razonablemente sin trauma.

Maldecir en el nacimiento puede incluir:

1. Los padres comunicando al niño verbal o físicamente que no es deseado o bienvenido. El bebé no es amado, sostenido, arrullado o nutrido físicamente por su madre.
2. Los padres expresando desilusión por el sexo del bebé y no recibiendo al niño con el sexo que Dios lo creó.
3. Los padres dándole al niño un nombre humillante o negativo, y sin tener un tiempo de impartición espiritual, o peor aún, dedicando espiritualmente al niño a Satanás, a dioses idólatras o espíritus demoníacos.
4. El niño sintiendo un trauma físico significativo al nacer.

CONSECUENCIAS DE LA BENDICIÓN Y LA MALDICIÓN EN EL NACIMIENTO

Cuando un bebé es sostenido, aceptado y nutrido en el momento del nacimiento, él tiende a desarrollar un fuerte sentido de seguridad y paz emocional. Dios puede usar a los padres de ese niño para impartir un mensaje consistente en el corazón del niño sobre su identidad y destino. Por otro lado, cuando un bebé es rechazado, no sostenido o nutrido, el niño puede desarrollar sentimientos de inseguridad y temor a la muerte desde el comienzo.

Equipos de nuestro ministerio oraron por personas que han tenido gran dificultad para confiar en Dios en circunstancias difíciles o de confiar en su cónyuge o en otras personas cercanas a ellos. Cuando le pedimos al Señor que nos revelara la fuente de la inseguridad e incapacidad de confiar, muchas veces esa persona sintió algún tipo de rechazo en el momento del nacimiento. Esto también resultó en una necesidad de controlar todo lo que sucede en sus vidas.

Una profunda mentira arraigada en el temor se establece en el corazón desde el nacimiento que dice: "En realidad nadie me ama y va a satisfacer mis necesidades. Por lo tanto no puedo confiar en nadie y debo poner un caparazón alrededor de mi corazón y hacer lo mejor que pueda para satisfacer todas mis necesidades". Esta persona puede luego tratar de suplir sus propias necesidades por el resto de su vida.

Una segunda consecuencia que puede resultar del rechazo en el nacimiento es un excesivo impulso de tener éxito para obtener aceptación. La mentira impartida es: "Obviamente no heredé ningún valor. Por lo tanto debo hacer algo sobresaliente para ganar la aceptación y la aprobación de quienes son importantes para mí". Esta persona puede tratar toda su vida de convertirse en "alguien" porque en lo profundo se siente "nadie".

Bendición o maldición del sexo en el nacimiento

Mencioné que una manera en la que un bebé puede ser bendecido o maldecido al nacer es a través de la aceptación o el rechazo de su sexo por parte de sus padres. Cuando los padres afirman a un bebé como el varón o la niña que Dios creó, esto otra vez establece en lo profundo una aceptación de sí mismo y un sentido determinado de la identidad del sexo. Esta persona atraviesa por la vida mirándose en el espejo y tomando placer con su sexo; cree que Dios hizo un buen trabajo cuando lo creó a él. Una persona bendecida al nacer muy rara vez se siente confundida por los roles del sexo más tarde en la vida y muy rara vez lidia con la atracción por el mismo sexo.

Por otro lado, una persona cuya identidad del sexo fue rechazada en el nacimiento puede luchar constantemente con el sentimiento de que Dios le hizo un chiste cruel cuando estableció su sexo. Estos individuos pueden aun sentir que nacieron con el sexo equivocado. Ahora, obviamente, Dios no pone a nadie en el cuerpo incorrecto, pero muchas personas tienen padres que les hacen sentir que algo está mal con su sexo.

Con la tecnología del ultrasonido las personas pueden conocer el sexo del bebé mucho antes del nacimiento. Los padres que desesperadamente querían una niña, por ejemplo, pueden sentirse desilusionados por el hecho de que van a tener un niño, y esa desilusión puede ser expresada consciente o inconscientemente al niño. Algunos padres pueden llegar tan lejos como darle al niño una forma masculina del nombre elegido para niña, llamando a su hijo Ashton, por ejemplo, en vez de Ashley.

Cuando este tipo de cosa sucede, justo al nacer el bebé recibe una impartición a su corazón que dice: "No eres lo que queríamos. No eres lo que esperábamos. ¡Algo está mal contigo!". Este pequeño niño puede llegar a creer que: "Jamás podré alcanzar las expectativas de mis padres, porque soy del sexo incorrecto. No es posible para mi ser quien se supone que sea". Esto es una mentira, pero el niño se confunde con mensajes conflictivos que escucha, el que Dios le está hablando contra el que Satanás está enviando a través de sus padres.

Mientras ministré a personas a través de los años, encontré que las niñas pequeñas tienden a responder a sus padres rechazando su sexo de una de las dos maneras. Algunas trabajan para convertirse en el niño que su padre siempre quiso. Mientras crece, se convierte en una marimacho y se interesa en las cosas que ella piensa que le agradarían a su padre. Esta no es la razón por la cual todas las niñas disfrutan de actividades dirigidas a los muchachos, pero descubrí que es así en la mayoría de los casos.

Lo interesante es que muchas veces este comportamiento agrada al padre. Al papá le encanta llevarla a pescar, a juegos de béisbol, y hacer todas las actividades que él soñó disfrutar con un hijo. Como consecuencia, en su corazón esta pequeña niña se enfrenta a una identidad de ser "solo uno de los muchachos", y recibe una significante afirmación y bendición de su padre en los primeros años de vida.

Cuando llega a la pubertad, es claro que ella no es una de los muchachos. En su intento de afirmarla como una joven mujer, papá ya no lucha con ella o expresa el mismo tipo de afecto físico que una vez expresó. Esta retracción puede fácilmente ser percibida más como un rechazo, y la hija puede comenzar a creer la mentira del diablo de que su sexo es el "equivocado".

Una mujer que conocí siempre despreció ser mujer, y como consecuencia cuando fue adulta se vestía en ropas diseñadas para ocultar su feminidad. Ella era en realidad una hermosa mujer, pero no quería que nadie supiera eso. Cuando oramos, el Señor reveló que esa tendencia era resultado del rechazo de su sexo al nacer por parte de su padre.

Estoy convencido de que Dios nunca quiso que ninguna mujer se sintiera así de sí misma. Dios quiere que cada mujer ame ser mujer, que sepa que Dios hizo un gran trabajo cuando la creó. Aun así encuentro a muchas mujeres que se agarraron de la mentira del enemigo y siente en lo profundo que fueron engañadas al no ser creadas hombres.

Lo segundo que puede sucederle a las niñas que no fueron bendecidas en al nacimiento es que pueden desarrollar una compulsión por el logro. Como el enemigo usó a sus padres para impartir esta mentira, ella comienza a sentir que ella no heredó ningún valor, así que ella debe tratar de hacer algo grande para ganar la aceptación y la aprobación. Ella cree que debe tener una carrera exitosa, ganar mucho dinero, ser buena en los deportes, cualquier cosa para sentirse valiosa.

Esto lleva a una batalla de toda la vida contra la orientación del desempeño y la profunda frustración. Como la mentira en el interior mantiene continuamente al alma sin paz, ella nunca puede lograr lo suficiente para desvanecer el profundo sentimiento de inutilidad interior. Afortunadamente hemos visto a muchas mujeres cuyas feminidad fue maldecida al nacer ser libres cuando las guiamos a través del proceso que permitió que el Señor removiera toda mentira profundamente plantada en el interior y la reemplazara con su verdad (ver Juan 8:32).

La misma cosa que les ocurre a las niñas les puede suceder a los niños. El niño rechazado al nacer por sus padres puede buscar ganar valor convirtiéndose rico, poderoso, famoso, o los tres. O puede tratar de convertirse en la pequeña niña que sus padres querían. Muchas veces he visto que cuando el padre rechaza el sexo al nacer, esto se convierte en un semillero de homosexualidad en el corazón de un hijo. Sabiendo que su padre no está contento con su sexo, los niños desde los tres, cuatro o cinco años de edad se interesan en las muñecas, la moda, y en otras actividades femeninas.

El hijo quiere complacer a su papá, pero su comportamiento probablemente no podrá lograrlo. Papá seguramente va a rechazar al niño y hasta posiblemente haga comentarios crueles o exprese su desagrado de manera no verbal. Esto puede resultar confuso para el hijo, ya que él solamente estaba tratando de ser la niña que su padre parecía querer. El enemigo entonces tal vez profundice esta mentira diciendo que no es sólo su sexo lo que le desagrada a su padre sino todo su ser, que debe haber algo intrínsecamente inadecuado y desagradable con él como persona.

Si este escenario se desata de esta manera y el padre rechaza más a su hijo, la mamá probablemente tratará de consolar y proteger a su hijo. Ella agarrará a su hijo en sus brazos y dirá: "Cariño, yo te amo. Tú papá también; lo que pasa es que él no sabe cómo demostrarlo. No hay nada malo contigo. Eres especial. Eres precioso. Te amo".

Ahora, ¿a cuál de estas dos personas crees que este niño se va a abrir para compartir? ¿Con el duro y ridículo papá, o con la amable y compasiva mamá? Probablemente con mamá. Con el tiempo este muchachito va a pasar más tiempo alrededor de las mujeres y se volverá más afeminado. Al papá le va a costar aún más relacionarse con él. Pero el papá tiene otra oportunidad de afirmar la masculinidad de su hijo en la pubertad y de enviarlo a su identidad de adulto como un hombre. (Vamos a discutir esto más en un capítulo más adelante). Sin embargo, si el papá no sabe cómo bendecir a su hijo en la pubertad y en vez de eso imparte más rechazo, entones hay una gran posibilidad de que este hijo sea atraído a una estilo de vida homosexual en su adolescencia.

Habiéndosele negado toda su vida la afirmación del sexo y la bendición de su padre, este joven, ahora en su adolescencia, buscará esta aprobación en otro lado. Tristemente esta afirmación llegará de parte de otro hombre quien también está atado a la vida homosexual. Él le dirá al hijo lo que este siempre anheló escuchar de su padre: "Te amo. Te valoro. Estoy orgulloso de ti. Eres especial. Eres increíble. Eres apuesto. Eres un gran hombre. Eres una persona increíble". Esto tal vez no comience como una relación sexual, pero muchas veces se convierte en una. Esta no es la única manera por la que los hombres entran al estilo de vida homosexual, pero he visto este escenario muchas veces en el ministerio.

¿Cómo responde el padre de este joven? Probablemente apilará más ridiculez y rechazo. Lo irónico es que el padre tenía la llave para influenciar la identidad y el destino de su hijo todo el tiempo, pero en vez de afirmar el sexo que Dios le dio a su hijo, el padre plantó una semilla de rechazo del sexo y de homosexualidad en su hijo al nacer. Luego él regó esa semilla y la continuó fertilizando al no bendecir a su hijo durante su niñez.

Afortunadamente es posible que el Señor Jesús remueva esta profunda mentira de identidad de los corazones de los hijos y la reemplace con la verdad que debió ser impartida de un padre humano. Muchas veces los equipos de nuestro ministerio han visto al Señor resolver esta situación en familias que participaron de un evento de Bendecir a las Generaciones.

¿QUÉ HAY EN UN NOMBRE?

La tercera manera en la que un niño puede ser bendecido o maldecido en el nacimiento es a través de la impartición de un nombre con significado. Un buen nombre contiene cualidades del carácter y da a entender el destino del niño. En la cultura hebrea tradicionalmente hay una ceremonia ocho días después del nacimiento del niño donde los padres, luego de buscar al Señor, le imparten un nombre con significado al niño.

Hay un dicho hebreo que dice: "No puedes conocer a un hombre realmente hasta que sabes su nombre". ¿Por qué? Porque su nombre contiene su carácter y a veces una descripción de su trabajo. ¿No sería maravilloso si usted recibiera una descripción de su trabajo como adulto ochos días después de su nacimiento? Así es como fue para muchas personas que encontramos en la Biblia. En contraste, me encuentro con muchos cristianos que no están seguros de lo que deben hacer con sus vidas aun a la edad de cuarenta, cincuenta o sesenta.

Muchas veces ni siquiera sabemos el significado de los nombres que usamos en la cultura occidental. Bob, Sue y Sam tienen un rico significado en su lenguaje original, pero muchas veces nosotros como padres escogemos estos nombres si saber su significado.

Es interesante ver que en el libro de Daniel lo primero que el rey de Babilonia, Nabucodonosor, quiso hacer cuando reclutó a los cuatro muchachos hebreos para su servicio, fue cambiarle sus nombres. Sus nombres hebreos los conectaban directamente con el servicio de Yahweh, el Dios de Israel. El rey quería romper esa conexión y vincularlos con el nombre al servicio de sus dioses idólatras.

Daniel en hebreo significa "Yahweh es mi legislador o juez". El rey cambió su nombre a Beltsasar, que significa "el que sirve a Baal". De la misma manera los nombres de los otros tres hombres hebreos fueron cambiados para romper su lealtad con Yahweh y establecer su servicio a los dioses babilónicos.

Algo parecido le sucedió al último hijo que Jacob tuvo con su esposa Raquel. Ella murió en el parto, pero antes de fallecer, llamó a su hijo Benoni, que significa "hijo de mi tristeza". Luego de su muerte Jacob le cambió el nombre a Benjamín, que significa "hijo de mi mano derecha". Jacob le cambió el nombre de su hijo de una maldición a una bendición. En esencia dijo: "Tú no eres un hijo de tristeza. No vas a ser conocido así. Tú eres el hijo de mi mano derecha".

El nombre de Jesús en hebreo es Yeshua. Este nombre en realidad significa: "El Señor (Yahweh) es salvación". Este nombre es bastante descriptivo de la tarea de Jesús como adulto. Él vino para traer la salvación del Señor a toda la humanidad. La descripción de su trabajo estaba en su nombre.

Un último gran ejemplo es el de Elías. Su nombre significa "Yahweh es Dios". En los días de Elías, Israel estaba en guerra con una tierra en el norte de los sidonios. Finalmente lograron un acuerdo de paz, y acordaron en casarse cada uno con la otra realeza. Así que el rey de los sidonios, un hombre llamado Et-baal, hizo un acuerdo con Acab, el rey de Israel. Como se habrá dado cuenta, Et-baal significa "servidor de Baal".

Et-baal tenía una hija llamada Jezabel. Ella también servía a Baal, el dios de su padre, y cuando se convirtió en la reina de Israel, tenía un solo propósito en su mente: lograr que la nación de Israel dejara de adorar a Yahweh para adorar a Baal. Así que el mensaje que Jezabel promovió continuamente en toda la tierra fue "Baal es Dios".

Esta es la situación a la que se enfrentó Elías. Afortunadamente sus padres buscaron al Señor a la hora de ponerle un nombre, y Dios les dijo que le pusieran Elías, que significa "Yahweh es Dios". Cuando Elías se convirtió en un profeta, su mensaje profético fue "Yahweh es Dios". Su tarea fue proclamar su nombre en toda la tierra y volver a la nación a Yahweh.

Para Jezabel, el nombre mismo de Elías era un insulto. Cada vez que se decía el nombre Elías, era una declaración de que Baal no era Dios, sino que Yahweh era Dios. Aun cuando Elías era un niño pequeño, cada vez que sus padres decían su nombre, estaban marcando en el alma de este muchacho su llamado profético. ¿Llama la atención entonces de que Elías se paró en el Monte Carmelo y confrontó a los profetas de Baal sobre la identidad del único Dios verdadero? Él mató a 450 profetas de Baal y a 400 profetas de Asera mientras proclamaba su mensaje, que simplemente era su nombre (1 Reyes 18). Yo creo que la confidencia para derrotar a los profetas de Baal solo y hacer volver a la nación de Israel a Yahweh estaba en la bendición impartida a Elías con su nombre al nacer.

Por otro lado, hay muchos hoy en día que sus padres eligen sus nombres arbitrariamente. Me acuerdo haber oído de un muchacho vecino que amaba tanto a nuestro perro que le puso a su primera hija el mismo nombre. No había nada malo con el nombre, ¡pero que herencia para un niño! ¿Puede imaginarse tratando de explicarle a su hija que fue llamada igual que un perro que usted conoció cuando era niño?

Maldición potencial a través del trauma del nacimiento

La cuarta manera en la que la identidad de un niño puede ser maldecida o bendecida en el nacimiento es a través del trauma físico o la falta de eso. En general, un niño es bendecido cuando el nacimiento es tranquilo y sin trauma. Esto protege al niño de crecer con temores y fobias irracionales.

Definitivamente ninguna madre planea trauma en el nacimiento. Pero igual menciono esto porque a veces los temores, las fobias y las compulsiones se originan en experiencias traumáticas en el nacimiento. Ministré a varias personas que han luchado con un temor irracional de ahogarse con comida o de estar en lugares apretados y limitados. Cuando le pedimos al Señor que revelara el tiempo o el evento en el cual la profunda mentira emocional fue impartida, muchas veces Él nos mostró que el enemigo tomó ventaja del trauma en el nacimiento para impartir un temor irracional.

La Biblia nos dice en Hebreos 2:14-15 que el enemigo usa el "miedo a la muerte" para mantener a la gente sometida a la esclavitud (en servidumbre) todos los días de sus vidas. De este modo, muchos hábitos compulsivos y cadenas en la edad adulta están arraigados en un profundo temor a la muerte establecido en el nacimiento. Algunos de los resultados del temor a la muerte impartido en el nacimiento incluyen asfixia, miedo a volar, temor irracional de ser asesinado, inhabilidad de tener un vínculo con la madre, dificultades de aprendizaje y ansias del contacto físico.

Las medidas protectoras de Dios en la antigua cultura hebrea

Observé tres costumbres protectoras que Dios estableció en la antigua cultura hebrea para asegurarse de que los niños recibieran su mensaje de identidad y destino en el nacimiento.

1. Toda la comunidad y la familia extendida anticipó el nacimiento del niño con gozo e hicieron del nacimiento una prioridad.
2. La familia y toda la comunidad hicieron una celebración en honor a la llegada del niño en el octavo día después del nacimiento. En este momento el rabí y los padres le impartieron una bendición espiritual al niño.
3. Los padres buscaron al Señor para un nombre con significado incrustado con la identidad y el destino del niño, y le impartieron el nombre al niño en la celebración.

El nacimiento de un niño en la antigua cultura hebrea era considerado un gran evento. En el octavo día había una bendición impartida por los padres y la autoridad espiritual. El rabí venía y bendecía al niño. Si el recién nacido era un varón, el pacto de Abraham era establecido a través de la circuncisión. Ese niño llevaría una marca física en su cuerpo que declaraba: "Tú no eres como los demás. Hay algo único sobre ti, algo especial. Eres un judío. Estas inextricablemente conectado por un pacto con el Dios de Abraham, Isaac y Jacob, ¡y nunca lo olvides! ¡Jamás vivas como uno de esos que no tienen un pacto!".

Si el recién nacido era una niña, no había una circuncisión, pero igual había una fiesta para celebrar la llegada de la nueva integrante de la familia. Un nombre era impartido y una bendición profética era pronunciada sobre ella. Como todos consideraban a los niños como una bendición del Señor, dejaban de hacer lo que estaban haciendo para celebrar la llegada de la nueva integrante de la familia en el día octavo. Siempre pensé en esto como el "Vagón de Bienvenida" de Dios.

En cambio, hoy en día muchos padres no reconocen sus responsabilidades de bendecir, dedicar a Dios e impartir un nombre con significado a su hijo. Simplemente llevan al niño a un sacerdote, pastor o rabí y dejan que el clero dedique al niño a Dios. Desafortunadamente el pastor no se va a parar ante Dios para dar cuentas por la impartición de identidad y destino a tu hijo. Lo harás tú como padre o madre. El trabajo del pastor es el de equipar a los santos para la obra del ministerio, no para hacer la obra del ministerio por ellos (Efesios 4:11-13).

En la cultura hebrea antigua era casi imposible que un niño no fuese bendecido al nacer. ¡Qué diferente que es nuestra cultura hoy en día!

La probabilidad de que un niño no sea bendecido al nacer es significante ya que no tenemos las mismas medidas protectoras que Dios le había colocado en la cultura hebrea para asegurarse de que cada niño sea bendecido al nacer.

LA CAJA DE HERRAMIENTAS DE LA BENDICIÓN

Esta caja de herramientas de la bendición incluye oraciones correctivas para orar en el caso de que usted no bendijo sus hijos al nacer y oraciones que usted puede orar para revertir la maldición de identidad y soltar la bendición. Vamos a ver oraciones específicas que usted puede orar en el nacimiento de su hijo/a. Tanto uno como los dos padres pueden orar estas oraciones. Si usted es el único padre dispuesto o disponible para orar por su hijo/a, quédese tranquilo/a de que tiene la autoridad espiritual para orar estas oraciones sobre sus hijos. Al igual que en los capítulos anteriores, estas oraciones sirven de guía; siéntase libre para modificar o personalizarlas para que encajen con su familia y situación.

Oraciones remediales para romper la maldición

Si usted mostró desilusión sobre el sexo de su hijo(a) al nacer

> *1. Arrepiéntase delante de Dios (no en la presencia de su hijo/a) por no aceptar su elección del sexo de su hijo(a).*

> *Padre, hoy reconozco que yo no soy Dios sino que tú lo eres. Yo quería mucho un niño/niña, y Tú creaste a (el nombre de su hijo[a]) para que fuese un niño/niña. Por favor perdóname por rechazar Tu elección del sexo de mi hijo(a). Hoy renuncio a la desilusión que expresé sobre el sexo de mi hijo/a, y acepto completamente a (el nombre de su hijo[a]) como el(la) maravilloso(a) hijo(a) que tú creaste. En el*

nombre de Jesús rompo el poder de cualquier maldición que soltué sobre la identidad sexual de (el nombre de su hijo[a]) *como un niño/niña, y declaro que la sangre de Jesucristo es suficiente para remover cualquier maldición de la identidad sexual que solté en la vida de* (el nombre de su hijo[a]). *Hoy te pido que saques a la luz y remuevas cualquier semilla de homosexualidad que sin saberlo planté en el corazón de* (el nombre de su hijo[a]) *al nacer y lo reemplaces con la semilla de tu verdadera identidad. Ahora suelto completamente la bendición de que Jesucristo murió para pagar sobre* (el nombre de su hijo[a]), *y bendigo su identidad como un niño/niña.*

2. Ore una bendición (con su hijo[a] presente) sobre la identidad del sexo de su hijo(a).

Padre, ahora bendecimos a (el nombre de su hijo[a]) *y te agradecemos porque tú lo(a) creaste a él/ella como un(a) precioso(a) niño/niña. Aceptamos completamente y bendecimos la identidad de* (el nombre de su hijo[a]) *como un niño/ niña. Hoy declaramos,* (el nombre de su hijo[a]), *que tú eres amado(a) y bienvenido(a). Perteneces a nuestra familia. Te recibimos con el regalo precioso que eres para nuestra familia, y declaramos que prosperarás en tu vida y crecerás para ser un hombre/mujer de Dios quien servirá al Señor Jesucristo toda su vida.*

Si usted como la madre tuvo un temor exorbitante al parto que sabe que le impartió temor o inseguridad al corazón de su hijo

Ore para renunciar al temor y rompa el poder sobre la vida de su hijo(a); luego desate la bendición sobre su hijo.

Padre, en el nombre de Jesús renuncio al temor que abracé antes y durante el parto de mi bebé. Perdóname por no haber confiado completamente en ti en el parto. Hoy cancelo la maldición de temor que desaté en la vida de (el nombre de su hijo[a]), *y rompo el poder del temor sobre la mente, las emociones y el cuerpo de mi hijo(a). Declaro que mi hijo(a) vivirá y no morirá.* Jesucristo murió y derramó Su sangre *para que* (el nombre de su hijo[a]) *pueda vivir y cumplir su destino en la tierra. Cancelo todo plan de Satanás para mi hijo(a) y pongo su vida y destino en las manos de Dios. Dios, desato ahora tu paz sobrenatural que sobrepasa todo entendimiento al interior de* (el nombre de su hijo[a]) *y un sentido de seguridad sobrenatural para que sepa que tú designaste sus días en la tierra. Bendigo a* (el nombre de su hijo[a]) *y su nacimiento y declaro que* (el nombre de su hijo[a]) *vivirá en paz y seguridad todos los días de su vida, en el nombre de Jesús, amén.*

Si su hijo(a) nació luego que usted perdió uno o más bebés antes del nacimiento

Ore sobre su hijo para romper el poder de sentirse como un reemplazo de alguien otro y la presión de cumplir el propósito y el destino de otra persona.

Padre, declaramos que (el nombre de su hijo[a]) *no es un reemplazo de nadie. Mi hijo(a) es un individuo único que tú creaste para cumplir un destino y propósito único y específico. Hoy renunciamos cualquier expectativa que pusimos sobre* (el nombre de su hijo[a]) *que no sea la de ser exactamente quien tú creaste que fuese. En el nombre de Jesús rompemos cualquier conexión espiritual o del alma que creamos entre* (el nombre de su hijo[a]) *y el hijo que perdimos, y soltamos completamente a* (el nombre de su hijo[a]) *para que sea él/ella mismo(a) como el individuo que tú creaste que fuese.* (El nombre de su hijo[a]), *te bendecimos para que seas tú mismo y para que cumplas el propósito y el destino que Dios tiene para ti. Te amamos, te aceptamos y declaramos que tú eres bienvenido y perteneces a nuestra familia como la persona que Dios te creó.*

ORACIONES PARA DESATAR LA BENDICIÓN

Dirija una ceremonia formal de bendición aproximadamente ocho días después del nacimiento. En esa ceremonia confirme el valor, la identidad del sexo y el destino de su hijo(a); dele a él/ella un nombre con significado; y dedique el bebé a Dios. Como mencioné anteriormente, el rol del pastor o el líder de la congregación es de ayudar a entrenar y equipar a los padres a impartir la bendición a sus hijos, no de hacerlo por ellos. Aunque el pastor tal vez ore por el bebé, es la responsabilidad de los padres de orar de antemano y de prepararse para impartir bendición y destino en la vida de su hijo(a) poco tiempo luego de nacer. Con este entendimiento los padres tal vez quieran orar algo similar a lo siguiente:

Padre, hoy te agradecemos por crear a (el nombre de su hijo[a]) *y ponerlo(a) en nuestras vidas. Hoy declaramos sobre ti,* (el nombre de su hijo[a]), *que eres bienvenido(a) y que perteneces a esta familia. Nunca te abandonaremos ni te dejaremos. Siempre serás nuestro hijo(a), y te amaremos y oraremos por ti todos los días de tu vida.*

Te llamamos (el nombre de su hijo[a]) *porque significa* (diga el significado), *y Dios nos mostró que tú serías* (diga cualquier cualidad del carácter y/o del destino que Dios le reveló sobre su hijo[a]). *El Señor también nos mostró* (diga cualquier otra palabra profética, revelaciones o visiones que Dios le dio con respecto a su hijo[a]). *Versículos claves de la Escritura que Dios nos dio para ti son:* (diga cualquier versículo clave que Dios le dio para que ore sobre su hijo/hija).

Declaramos que tú, (el nombre de su hijo[a]), *eres bendito(a) y siempre serás grandemente favorecido(a) por Dios y por los hombres. No eres un niña(a) ordinario(a), sino que fuiste traído a una familia conectada por pacto al Dios de Abraham, Isaac y Jacob. Como tal puedes esperar ser bendito y próspero todos los días de tu vida.* (El nombre de su hijo[a]), *hoy te dedicamos a Señor Jesucristo para adorarlo y servirlos todos los días de tu vida. ¡Amén!*

Diga palabras de amor, aceptación, bienvenida y afirmación de la identidad del sexo al nacer, y comprométase a satisfacer todas las necesidades de su hijo(a).

Padre Dios, te agradecemos por (el nombre de su hijo[a]). *Él/ella es un regalo precioso para nosotros. Lo(a) bendecimos en este día especial. Oremos para que tú mantengas a nuestro hijo(a) fuerte y saludable a medida que crece. Señor, otra vez llena a* (el nombre de su hijo[a]) *aún en los primeros minutos después de nacer con tu Espíritu Santo, y permite que él/ella sienta tu amor y protección hoy.*

Hola, pequeña(a), está es tu mamá y tu papá. Te amamos. Estuvimos esperando verte cara a cara, y ahora lo podemos hacer. Dios hizo algo maravilloso al hacerte un niño/niña. Estamos tan complacidos en lo que Dios te hizo. Hoy celebramos tu nacimiento con los ángeles en el cielo y declaramos que eres bienvenido(a) a este mundo y a nuestra familia. Te estuvimos esperando e hicimos un lugar para ti. Estamos tan contentos que estés aquí, y siempre estaremos aquí para ti, te cuidaremos y te mantendremos seguro(a). Haremos que todas tus necesidades sean satisfechas.

Tú fuiste hecho maravillosa y admirablemente por Dios, y Él te ha apartado aun desde el vientre de tu madre para que sirvas al Señor Jesucristo todos los días de tu vida. Declaro hoy que tu vida está completamente fuera de los límites de Satanás y de todos los espíritus demoníacos. Declaramos que tú estás dedicado en cada aspecto de tu vida al Señor Jesucristo y a su plan y propósito para ti hoy y todos los días de tu vida.

Tú eres una bendición para todos los que conozcas, y puedes esperar contar con el favor de Dios en tu vida dondequiera que vayas. Eres absolutamente único, y nadie más puede ser quien Dios te creó que fueses o hacer lo que Dios te ha regalado que hagas. Quiero que sepas que tú siempre estarás seguro y serás bienvenido aquí. No hay nada que tú jamás puedas hacer que cause que te rechacemos o te abandonemos.

Bendigo tu espíritu hoy con la vida de Dios. Bendigo tu mente con inteligencia y sabiduría. Bendigo tus emociones con entusiasmo, seguridad y paz. Bendigo tu cuerpo con salud física y vida. Que puedas creer y desarrollarte en cada aspecto, espíritu, alma y cuerpo, en la persona que Dios planeó que fueses. Que puedas permanecer en el amor y la paz de Dios hoy, en el nombre de Jesús, amén.

Capítulo 7

BENDECIR A SUS HIJOS DURANTE LA INFANCIA Y LA NIÑEZ

OTRA ETAPA CRÍTICA donde la bendición o la maldición pueden ocurrir es durante la infancia y la niñez. Un niño es muy vulnerable en esta etapa porque no puede suplir sus propias necesidades. Si no se siente seguro de que sus necesidades serán suplidas, el niño tal vez empiece a no confiar en nadie más que en sí mismo. Por supuesto, este no es un momento en el tiempo sino una temporada de la vida durante la cual el niño está buscando el cuidado y el apoyo continuo. Es la consistencia la que le permite al niño aprender a confiar en otros.

MODELO CLAVE

El modelo clave para bendecir al niño en la infancia y en la niñez es la madre. Mientras que el afecto del padre es importante, en verdad es el cuidado de la madre el que es crítico para establecer la confianza básica durante esta etapa clave de la vida. Ella es la única que puede responder la pregunta clave en la vida el niño con la verdad divina de que traerá paz al alma del niño.

PREGUNTA CLAVE A RESPONDERSE

En la niñez, las preguntas claves a responderse son: "¿Hay alguien en quien pueda "confiar" para que supla mis necesidades? ¿Hay alguien más fuerte, más grande, más sabio que yo que me ame de verdad y se interese por mí?".

Un niño debe confiar en otras personas aparte de él para poder sobrevivir. Como resultado, el enemigo no quiere que el niño reciba un continuo cuidado y, de esta manera, se crea un gran temor a la muerte, la confusión interna y la lucha por sobrevivir. El enemigo quiere que el niño piense, "Si no hay nadie en quien puedo depender para suplir mis necesidades, entonces tendré que suplírmelas por cuenta propia". Si esto no le es posible al niño, y probablemente no lo sea, experimentará mucho miedo y su alma no tendrá descanso.

BENDECIR Y MALDECIR EN LA
INFANCIA Y EN LA NIÑEZ

Por supuesto que fue el plan de Dios que los hijos reciban el poderoso mensaje de bendición de parte de sus padres en la infancia y durante la niñez. Aquí hay algunas maneras en las que los padres pueden bendecir o maldecir a sus hijos en esta etapa de desarrollo.

Bendecir a la hora de la infancia puede incluir:
1. Los padres comunican, verbal y físicamente al niño que es deseado, aceptado, recibido y bienvenido, con la madre, en particular, amando, sosteniendo y físicamente nutriendo a su hijo.
2. La madre amamanta al niño para ayudar a crear un vínculo físico.
3. La madre da atención continua y suple las necesidades físicas y emocionales, animándole a confiar a alguien fuera de sí mismo para suplir sus necesidades.
4. El padre expresa montos significativos de toque físico y afecto.

Maldecir a la hora de la infancia puede incluir:
1. Los padres comunican, verbal y físicamente, que el hijo no es deseado ni bienvenido, y la madre no brinda amor, afecto o cuidado físico.
2. La madre no crea un vínculo físico o emocional por medio del amamantamiento u otras formas de toque y cuidado significativas.
3. El niño recibe cuidado inconsistente porque la mamá no está constantemente disponible para suplir sus necesidades

físicas y emocionales y, por lo tanto, le deriva esta responsabilidad a un grupo de cuidadores (parientes, trabajadores de guarderías, niñeras, etc.).

4. El padre no muestra el toque físico ni el afecto apropiados.

CONSECUENCIAS POTENCIALES DE LA BENDICIÓN Y LA MALDICIÓN EN LA INFANCIA TEMPRANA

Los niños necesitan mucho el toque físico y el afecto de sus padres. Acurrucar y otras formas de contacto físico pueden crear un vínculo saludable e impartir un sentido de seguridad, el cual es parte de la bendición que Dios diseñó. El científico James Prescott, PhD, quien ha estudiado los efectos de la privación sensorial en la infancia temprana dice: "Si usted no quiere vincularse con nadie de niño, tampoco querrá hacerlo de adulto".[1]

Los cuerpos de las mujeres tienen la capacidad natural de nutrir a sus bebés. Esto es parte del diseño de Dios para bendecir a los hijos. El amamantar asegura que el bebé recibe gran cantidad de toque físico y nutrición. El bebé se vincula, naturalmente, con la madre a medida que es sostenido y acurrucado varias veces por día. En la antigua cultura hebrea (y también en casi todas las culturas anteriores) era típico que una madre amamantara a sus hijos. En nuestra moderna cultura occidental muchas personas prefieren darle el biberón a los bebés. Una de las razones comunes es que muchas de las mujeres trabajan fuera de sus hogares y no están disponibles para amamantar varias veces al día.

A lo largo de mis años en el ministerio, he visto que muchas personas que no recibieron esta bendición por medio del toque de su madre durante la infancia tienden a desarrollar un profundo deseo interior por el toque físico y la estimulación táctil más tarde en la vida. Esta necesidad por le toque físico y el afecto a veces se convierte en algo sexual. He conocido a muchos hombres que han tratado de saciar su necesidad interior del toque por medio de la intimidad física con sus esposas. Sin embargo, la intimidad marital no fue creada para esto.

Muchas veces, cuando he aconsejado a parejas, las esposas me dijeron en privado que se sienten abrumadas con las necesidades de sus esposos. "Pastor", me dicen, "yo disfruto de la intimidad sexual como cualquier otra persona, pero las necesidades de mi marido son excesivas. Me estoy cansando". Cuando oré con los esposos para descubrir la raíz del asunto, el Señor me reveló que hay una profunda necesidad de afecto en el corazón de un pequeño niño que no fue acurrucado de bebé.

Los niños que no han experimentado el amor físico ni fueron acurrucados por sus padres, con frecuencia dudarán si sus necesidades serán satisfechas. Cuando esto ocurre, el enemigo por lo general intenta impartir un temor a la muerte en el niño, quien no tiene la capacidad de cuidarse a sí mismo. Si el niño no es cuidado ni acurrucado consistentemente por parte de la madre, el niño tal vez comience a confiar en sí mismo para suplir sus necesidades, temiendo que si no lo hace morirá. El niño no hace esto de manera consciente. Él simplemente concluye: "Nadie está aquí para suplir mis necesidades, así que más me vale cuidarme por mí mismo. Como no hay nadie para mí, no confiaré en ninguna persona más que yo para suplir mis necesidades".

Cuando este temor e inseguridad se establecen en lo profundo del niño, no merman cuando el niño crece o entra en la vida de adulto. Ellos solo producen un adolescente o un adulto con una inhabilidad de confiar en sus amigos, su cónyuge o, incluso, en Dios. Como adulto, esta persona tal vez le entregue su vida a Cristo y diga: "Señor, confío en ti con toda mi vida". Pero cuando un tiempo de crisis despierte el temor en él, quitará, de inmediato, su vida de las manos de Dios y actuará por cuenta propia.

Hemos orado por muchas personas que tienen la profunda inhabilidad de confiar en su cónyuge o en Dios. Cuando le preguntamos al Espíritu Santo dónde había comenzado esta inseguridad, rápidamente aprendimos que comenzó en la infancia dada la falta de cuidado. La primera vez que me encontré con esto en un hombre casado yo no sabía cómo ayudarlo. Así que oramos y le pedimos a Dios que supliera esa necesidad profunda de cuidado, dado que no la había recibido por parte de su madre. El Señor me indicó que le dijera a este hombre que Dios era el único que podría suplir su necesidad.

En este caso en particular, el Espíritu Santo me recordó al esposo que uno de los nombres de Dios en hebreo es "El Shaddai". El significado tradicional del nombre es "el que es más que suficiente para suplir cualquier necesidad". El significado literal es "el de doble pecho". Por lo tanto El Shaddai, que creó al hombre a su imagen y semejanza, hombre y mujer, es el de doble pecho que es más que suficiente para ministrar a la falta de amor en el corazón de cualquier hombre.

A medida que le contaba esto a este hombre y le pedía que le abriera su corazón a El Shaddai, Dios comenzó a ministrar a lo profundo de su corazón y a llenarlo con el amor y la seguridad que debieron haberse impartido en la infancia. Después de permitir que el Espíritu Santo haga el profundo trabajo en su corazón, el hombre me informó que su necesidad de intimidad física se había calmado, y que ahora él y su esposa, ambos, estaban satisfechos con su relación sexual.

Desde que le ministré a ese matrimonio, he encontrado esta situación en varias ocasiones en nuestros eventos de "Blessing Generations" [Bendecir a las generaciones]. Alabo a Dios que otros han experimentado una resolución similar del corazón cuando recibieron de Dios la impartición de la bendición que deberían haber recibido de sus madres durante la infancia.

En la cultura hebrea era típico que una madre estuviese disponible para acurrucar, tener en brazos y suplir las necesidades de sus pequeños hijos. Ella no trabajaba fuera de su hogar ni tampoco tenía veinticinco actividades como muchas madres hoy. El papel de una madre se tenía en alta estima. Había muy poca probabilidad de que el niño en esa cultura no fuese acurrucado, amamantado ni nutrido porque esta era la mayor prioridad de la madre, y es lo que la sociedad esperaba de ella.

Por otro lado, creo que la maternidad ha sido desvalorizada en nuestra cultura moderna. Una mamá que se queda en casa a veces es considerada como una vaga o una persona improductiva. Incluso entre los cristianos hay una expectativa de que la mujer debe ganar su dinero, tener una carrera o estar involucrada en el ministerio, fuera de su hogar. Es triste, pero en nuestra cultura es muy probable que un niño atraviese la infancia sin ser acurrucado bastante ni bendecido por el toque físico.

En verdad, la maternidad es un llamado divino a los ojos de Dios. Nutrir y sembrar en las vidas de sus hijos es una de las cosas más importantes que una madre puede hacer. Creo que debería ser la excepción y no la norma que una madre tenga que trabajar fuera de su hogar. Me doy cuenta de que esto no les sería posible a las madres solas ni a ciertas familias en nuestra actual situación económica, pero creo que este es el ideal de Dios.

Otra tradición interesante en la antigua cultura hebrea es que los hijos no eran destetados hasta el primer año. En nuestra cultura moderna esto nos puede parecer muy raro, pero creo que Dios tenía un propósito en esta práctica. Como se amamantaron por tanto tiempo, los bebés aprendieron a confiar y a depender de sus madres. La dependencia es una fase natural del sano desarrollo emocional y espiritual. Los niños que aprenden a depender de una madre para que les supla sus necesidades desarrollan un sano sentido de amor y valor y, luego en la vida, tienen la habilidad de poder confiar en que otros pueden suplir sus necesidades.

Por otro lado, los niños que nunca aprendieron a depender de una madre pueden aprender a ser autosuficientes e independientes desde una temprana edad. En nuestra cultura moderna algunos padres quieren que sus hijos se independicen lo más pronto posible. Existen dos razones comunes para esta. Una de las razones es la presión social, para que puedan mantenerse a la altura de los que tienen a su alrededor. La segunda razón es que somos personas muy ocupadas y no queremos ser fastidiados teniendo que cuidar a los niños pequeños. Si podemos hacer que nuestros hijos mayores hagan cosas por sí mismos, eso nos libra para continuar con nuestras ocupadas vidas.

Sospecho que tratamos de manera opuesta a nuestros hijos de cómo Dios lo diseñó y como los hebreos antiguos trataban a los suyos. Queremos que niños pequeños se vuelvan independientes lo más rápido posible. Luego, cuando se convierten en adolescentes, la hora que Dios diseñó para que nosotros como padres soltáramos a nuestros hijos para que tomen sus propias decisiones como hombres y mujeres, muchas veces tratamos de controlar sus decisiones y hacerlos más dependientes.

Si los hijos nunca desarrollan la confianza ni la seguridad básica de que sus necesidades serán suplidas, entonces desarrollan un espíritu independiente que se rehúsa a recibir consejos de sus padres durante su adolescencia. Esto tal vez motive a los padres a controlar las decisiones de sus adolescentes. Destetar a los niños un poquito después hizo que fuera casi imposible para un hebreo no aprender la dependencia y la confianza básica en la temprana niñez. Esto hizo que los adolescentes sean mucho más seguros, y estar así espiritual y emocionalmente preparados para ser soltados a la vida de adulto.

Temor irracional al abandono

La presencia física de una madre que conforta y suple las necesidades de su hijo es una poderosa forma de bendición. A veces, el enemigo usa la inevitable ausencia de la madre para impartir su mensaje profundo en el corazón de un pequeño niño. Comprender esto hace que sea importante estar alertas a las artimañas del enemigo y que las desarmemos lo antes posible. Más de una vez he visto un temor irracional de abandono sembrado en lo profundo del corazón de un pequeño niño simplemente por la legítima indisponibilidad de una madre en un momento traumático.

Una de las primeras veces que encontré esto fue cuando oraba por una mujer que llamaré Jill. Ella dijo que a menudo experimentaba un gran temor irracional de abandono y de no ser cuidada o protegida. Jill estaba casada con un maravilloso hombre de Dios. Sin embargo, su esposo, a menudo, viajaba por negocios. Muchas veces, cuando el esposo de Jill se aprontaba para irse en un viaje de negocios, ella le rogaba que él no se fuera. Jill le decía: "Tengo tanto miedo de que no vuelvas. El avión se puede estrellar y puedes morir. O tal vez te secuestren". Tratando de consolarla, el esposo de Jill citaba estadísticas sobre la seguridad de la aviación moderna. Él le recordaba cuánto había viajado y cómo siempre había vuelto.

No importaba cómo su esposo tratara de consolarla, Jill estaba aterrorizada cada vez que él se iba. En ciertos momentos Jill tenía mucho temor de que su esposo tuviese una aventura amorosa y que la dejara por otra persona. Esto era sumamente doloroso y frustrante para su esposo, ya que ni siquiera nunca había estado interesado en otra mujer, ni tampoco le había dado razones a su esposa para que dudara de su compromiso con ella. Otra vez, no importaba cuánto su esposo trataba, ni la oración ni el razonamiento calmaban el temor de Jill.

Jill y su esposo explicaron su situación durante una experiencia de "Bendecir a las generaciones". El equipo y yo sentimos de pedirle al Señor que le revelara a Jill cuándo comenzó su temor al abandono. Después de esperar por el Señor durante unos segundos, Jill comenzó a sacudirse de temor y a llorar descontroladamente. Cuando le pregunté qué estaba experimentando, Jill nos dijo que el Espíritu Santo le había recordado una experiencia aterrorizante que ella atravesó a los cinco años.

Jill había sido llevada al hospital porque necesitaba una cirugía para corregir una serie condición de su corazón. Ella recuerda tener mucha aprehensión por las preocupaciones de sus padres acerca del procedimiento, pero esta no era la peor parte. Los padres de Jill no tenían permitido quedarse en el hospital durante la noche, así que cuando oscurecía, lo único que podían hacer era asegurarle que todo estaría bien esa noche y luego marcharse a la casa.

Poco después de que sus padres se fueran, un intenso temor golpeó el corazón de Jill. Aquí estaba, con cinco añitos, con una seria condición médica, sin saber si viviría o moriría, dejada sola en un lugar que no le era familiar. Estuvo aterrorizada toda la noche y se sintió abandonada y no amada por sus padres. El terror se agravó durante la noche mientras Jill oía sonidos extraños, olores inusuales y gente desconocida que constantemente le pinchaban con agujas y le ponían cosas en la boca y orejas.

El corazón de esta niña de cinco años clamaba: "¿Dónde está mi padre? ¿Dónde está mi madre? ¿Acaso no se interesan por mí? ¿No me aman? Estoy sola. Toda la gente que amo y en la que he confiado me abandonaron". El enemigo luego se aprovechó de esta situación para impartirle su mentira en lo profundo del corazón de Jill, diciéndole: "La razón por la que tus padres no están aquí es porque no te aman ni se preocupan por ti. No eres importante para ellos, y nunca volverán para ayudarte. Estás abandonada y nunca nadie te cuidará".

Cuando los padres de Jill regresaron a la siguiente mañana, ellos no tenían ni idea del temor que ella había vivido la noche anterior. Le aseguraban de que estaba allí con ella y que todo iba a estar bien, pero el daño ya estaba hecho. El enemigo había sembrado un virus de temor irracional al abandono en lo profundo del corazón de Jill que persistía hasta su vida de adulto.

Después de que el Señor le recordase esta experiencia pudimos preguntarle si podía confesar los profundos sentimientos de temor con el Señor. Luego le pedimos lo que Él había querido impartirle esa noche que estuvo sola en el hospital cuando era una niña. Ese día Jill tuvo un maravilloso encuentro con el Señor Jesucristo resucitado, quien comenzó a hablarle Su verdad. Él removió ese profundo y arraigado temor y lo remplazó por una total paz y seguridad en Su amor. El amor quita fuera el temor (1 Juan 4:18). Jill nos dijo después que desde ese tiempo de ministración, nunca más había experimentado el temor de que su esposo se muriese o que no regresara de un viaje de negocios. Tampoco tenía más temor de que su esposo la dejara por otra mujer.

La experiencia de Jill enfatiza, una vez más, el poder de la presencia del padre, el toque y la seguridad para bendecir la identidad de un niño joven y traer un sentido de paz y seguridad. Incluso cuando no es culpa de los padres, el enemigo puede usar su ausencia para impartir un profundo temor en el corazón del niño. Esto no es algo de lo que uno debe preocuparse sino algo de lo que uno debe estar consciente. Si los padres de Jill se hubiesen dado cuenta del trauma emocional que Jill sufrió esa noche en el hospital, podrían haber orado con ella inmediatamente después de esa experiencia y remover las mentiras emocionales y así ayudarle a abrir su corazón para recibir la verdad por parte del Señor. Esta oración la hubiese salvado de tener que sufrir ese constante temor al abandono en su vida adulta.

LAS MEDIDAS PROTECTORAS DE DIOS EN LA ANTIGUA CULTURA HEBREA

Como en todos los tiempos críticos de bendición en la vida de un hijo, Dios nos dio un modelo para bendecir a nuestros hijos durante la infancia y la niñez dentro de la antigua cultura hebrea. He identificado cuatro medidas protectoras que Dios puso en la cultura hebrea bíblica para asegurar que los hijos fuesen bendecidos y no maldecidos desde la infancia y durante la niñez.

1. La madre hizo del bebé su prioridad número uno, sin poner al ministerio, el trabajo fuera de la casa, o cualquier otra cosa por encima del cuidado físico y emocional de sus hijos.
2. Los hijos fueron destetados después de un año, creando en el niño una mayor dependencia de la madre y la habilidad de poder confiar en otra persona para suplir sus necesidades.
3. El punto de vista de la cultura que veía al matrimonio como un pacto y a los hijos como una bendición del Señor creaba

un ambiente estable donde el cuidado y el respaldo de los hijos era una prioridad en la familia.

4. La práctica regular de honrar el Sabbath como familia le permitía a los padres bendecir a sus hijos cada semana durante sus años de crecimiento.

Ya he explicado cómo las cuatro actitudes y prácticas culturales anteriormente mencionadas contribuían a la impartición de la bendición sobre los hijos pequeños. Sin embargo, en la cultura occidental de hoy día vemos que ocurre lo opuesto. Muchas madres están sumamente ocupadas con actividades fuera de su hogar que hacen que ella no está disponible para su niño en la infancia. Además, la mayoría de las madres no amamantan a sus niños, los destetan en los primeros meses y trabajan para hacerlos bastante independientes en una temprana edad.

En muchas familias, los hijos no son considerados como una bendición del Señor. Los padres tal vez lamenten el hecho de que su energía y tiempo deben ser quitados de hacer dinero, buscar una carrera ministerial, o cualquier otra actividad importante, para cuidar al pequeño niño. Como no tenemos un tiempo regular de bendición familiar, como el honramiento del Sabbath en la antigua cultura hebrea, muchos niños hoy nunca oyen a sus padres decirles lo complacido que están con ellos y que creen que podrán tener éxito en la vida. Al contrario, sin ese tiempo regular de bendición, los hijos mayormente oyen palabras de corrección y desilusión por parte de sus padres. En la infancia, especialmente, la mayoría de las palabras que los hijos oyen de sus padres son, "No", "Deja eso", "Qué vergüenza", "Niño malo / niña mala", y "¡No hagas eso!".

Imagínese cuán fácil sería impartir bendición sobre nuestros hijos durante la infancia y la niñez si restableciéramos, en nuestras familias y comunidades, algunas de las medidas protectoras anteriormente mencionadas. ¿No sería maravilloso si algunas de estas prácticas de la antigua cultura hebrea se convirtieran en cosas "normales" para nuestros hijos y nietos para cuando ellos tengan sus propios hijos? Es posible. Usted puede dejar un legado de bendición sobre su familia. La caja de herramienta de bendición le mostrará cómo hacerlo.

CAJA DE HERRAMIENTAS DE BENDICIÓN

A continuación encontrará oraciones que usted puede orar sobre sus hijos durante la infancia y la niñez. Estas se usan como guías. Usted puede personalizarlas como sea necesario.

ORACIONES REMEDIALES PARA ROMPER LA MALDICIÓN

Si su hijo fue adoptado y no fue cuidado durante la infancia

Tal vez usted reconozca que su hijo tiene una mayor necesidad de toque físico porque le faltó cuidado. Asegúrese de darle mucha atención física apropiada y afecto. Además, usted tal vez quiera orar la siguiente oración sobre su hijo si todavía vive en su hogar.

> *Padre, te agradecemos por* [nombre del niño]. *Él es una gran bendición para nosotros. Señor, uno de tus nombres es El Shaddai, el que es más que suficiente. El Shaddai, te pedimos que llenes el corazón de* [nombre del niño] *con tu amor. Toca el corazón del pequeño niño/niña dentro, que necesita ser sostenido, acurrucado y amado. Pon tus brazos a su alrededor ahora mismo y permite que él experimente tu extravagante amor y cuidado por él.*

Sugiero que ahora espere en silencio y permita que el Señor mismo ame a su hijo. Tal vez usted quiera abrazar y sostenerle mientras ora. Esto es, seguramente, algo que usted querrá orar más de una vez. Usted lo repetirá regularmente a medida que su hijo crece. Después de esperar delante del Señor, usted tal vez quiera bendecir a su hijo con estas palabras:

> [Nombre del niño/niña], *hoy bendecimos tu infancia y tu niñez. Te bendecimos con una seguridad sobrenatural y una gran habilidad de confiar en Dios, tu Padre, para suplir tus necesidades. Te bendecimos con la habilidad de poder confiar en otros y de saber que nunca caminarás solo. Dios*

siempre estará contigo. Hoy declaramos que tu corazón descansará en el conocimiento de que nunca estarás solo. Dios todopoderoso caminará contigo todos los días de tu vida, y puedes confiar en Él en cada aspecto de tu vida. Te amamos y declaramos sobre ti que el corazón del pequeño niño interior es bendecido por Dios y estará en absoluta paz.

Si su hijo es un adulto, tal vez quiera preguntarle si estaría de acuerdo en que usted ore esta oración sobre él incluso ahora. El Señor puede tocar profundamente el corazón de un adulto con su tierno amor muchos años después de la infancia.

Si usted no estuvo presente durante la infancia de su hijo, y ahora nota que tiene una inhabilidad para confiar en otros

1. Arrepiéntase ante el Señor por no estar disponible para cuidar a su hijo durante la infancia y la niñez.

Padre, reconozco hoy que no estuve disponible para proveer el amor y el cuidado que mi hijo/hija necesitaba de pequeño. Señor, estuve mal y me arrepiento por no hacer de [nombre del hijo/hija] una prioridad en mi vida en ese entonces. No puedo pagar por cualquier daño ocasionado en mi hijo por mis acciones. Pero Jesucristo ya pagó por todos mis pecados, fallas, errores y fracasos. Por la sangre de Jesús, Padre, te pido que me perdones por cualquier maldición de identidad y falta de bendición que haya venido sobre mi hijo/hija en su niñez como resultado de mis fallas. Señor, te pido ahora que llenes a mi hijo/hija con tu amor y cuidado, y haz por mi hijo ahora lo que yo no hice cuando [nombre del hijo/hija] era pequeño/a. Te pido, específicamente, que le des a [nombre del hijo/hija] una nueva habilidad para confiar en ti y en otros para ayudarle a suplir sus necesidades. Confío en ti, Señor, de que harás en mi hijo/hija esas cosas que yo no puedo hacer. Amén.

2. Usted tal vez quiera orar ahora la misma oración de bendición sobre su hijo/hija como la que se incluye arriba.

Si usted maldijo la identidad de su hijo/hija durante la niñez

1. Arrepiéntase y pídale a Dios que le perdone.

Padre, reconozco hoy que maldije la identidad de mi hijo/ hija cuando era un pequeño niño. Señor, eso estuvo mal, y me arrepiento de no haber sido tu agente para impartir tu mensaje en la vida de [nombre de su hijo] en ese entonces. No puedo pagar por los daños ocasionados a mi hijo/hija como resultado de mis acciones. Pero Jesucristo ya pagó por todos mis pecados, fallas, errores y fracasos. Por la sangre de Jesús, Padre, te pido que me perdones por cualquier maldición de identidad y falta de bendición que haya venido sobre mi hijo/hija en su niñez como resultado de mis fallas. Señor, te pido ahora que llenes a mi hijo/hija con tu amor y cuidado, y haz por mi hijo ahora lo que yo no hice cuando [nombre del hijo/hija] era pequeño/a. Te pido, específicamente, que le des a [nombre del hijo/ hija] una nueva habilidad para confiar en ti y en otros para ayudarle a suplir sus necesidades. Confío en ti, Señor, de que harás en mi hijo/hija esas cosas que yo no puedo hacer.

2. Usted tal vez quiera orar ahora la misma oración de bendición sobre su hijo/hija como la que se incluye arriba.

PASOS DE ACCIÓN Y ORACIONES PREVENTIVAS PARA DESATAR LA BENDICIÓN

Como mencioné anteriormente, usted puede dejar un legado de bendición para su familia. Tome los pasos a continuación no solo para bendecir a sus hijos en la infancia y en la niñez, sino también para establecer un estilo de vida de bendición en su familia.

1. *Establezca un tiempo regular de bendición en su familia.* Siga el patrón detallado al final del capítulo dos para tener una comida juntos y un tiempo de bendición.

2. *Toque y tenga a su hijo con frecuencia.* Amamantar ayuda a crear un vínculo seguro entre la madre y el hijo. Si es posible, sería sabio que la madre amamante al niño. De todos modos, sostengan, acurruquen y amen al hijo durante los primeros años de la infancia. Cuando los dos padres abrazan y muestran el apropiado afecto físico, ayuda a animar el espíritu del niño. Haga abundante uso de expresiones físicas de amor y bendición sobre su hijo.

3. *Haga que suplir las necesidades de su hijo pequeño sea una prioridad.* Esto tiende a establecer una confianza básica en el corazón del niño. Hacer esto también ayudará a establecer una cultura de bendición en su familia.

4. *Declare una bendición sobre su hijo varias veces al día.* Tal vez quiera declararle una bendición como la siguiente, varias veces cada día.

[Nombre de su hijo/hija], *hoy bendigo tu vida, tu espíritu, tu alma y tu cuerpo. Te bendigo con la seguridad sobrenatural y la gran habilidad de confiar en Dios, tu Padre, para suplirte todas tus necesidades. Te bendigo con la habilidad de confiar en otras personas y de saber que nunca caminarás solo. Dios siempre estará contigo. Hoy declaro que tu corazón descansará en el conocimiento de que nunca estarás solo, sino que el Dios todopoderoso caminará contigo todos los días de tu vida. Puedes confiar en Él en cada aspecto de tu vida.* [Nombre de su hijo/hija], *a medida que creces, aumentarás en sabiduría y en estatura, y tendrás el favor de Dios y del hombre. Te amo y declaro que prosperarás en todos tus caminos todos los días de tu vida.*

Capítulo 8

BENDECIR A SUS HIJOS
DURANTE LA ETAPA DE LA PUBERTAD

MIENTRAS QUE CADA una de las siete etapas críticas de bendición son importantes, la pubertad tal vez sea uno de los tiempos más impactantes para bendecir a su hijo. La pubertad es cuando el hijo es propulsado a su identidad adulta. La imagen interior, como hombre o mujer, que se establece en esta etapa crítica impactará el futuro rumbo de la vida del hijo o de la hija.

MODELO CLAVE

Mientras que los dos padres son importantes en cada etapa crítica de bendición, durante la pubertad es el padre el modelo clave para bendecir al hijo. En todos los años precedentes, la mamá es el padre clave que Dios usa para impartir seguridad en el niño y la habilidad de este para confiar en otros. Sin embargo, durante la pubertad y toda la adolescencia, el padre toma el rol principal como la persona clave que Dios usa para establecer la identidad del sexo y catapultar al niño a su destino como adulto.

Cada cultura del mundo tiene una tradición o una ceremonia para catapultar a un niño a su hombría o a la niña a su femineidad, excepto nuestra cultura occidental. No tenemos ninguna ceremonia de pasaje. En casi todas las culturas el padre, por medio de su bendición, corta el cordón umbilical que une al niño a su madre y catapulta al niño a su identidad y destino de persona adulta. Las madres no fueron diseñadas para hacer esto, así como los padres tampoco fueron diseñados para dar a luz.

Dios le dio a las madres y a los padres distintas funciones para cumplir en las vidas de sus hijos. Las madres fueron diseñadas para hacer dos cosas claves: dar a luz y nutrir. Los padres fueron diseñados para hacer dos cosas distintas: establecer la identidad sexual de un hijo y catapultarlo a su destino de adulto.

Incluso durante la concepción, el padre tiene la semilla que determina el sexo del niño. La mujer, genéticamente, tiene dos cromosomas X (XX), mientras que el hombre tiene una X y una Y (XY). Por lo tanto, en la concepción el único cromosoma que la madre puede aportar para el hijo es el X, mientras que el padre puede aportar una X o una Y. Si el cromosoma de la semilla del padre es una X, la criatura será una niña, pero la criatura será varón si el padre aporta un cromosoma Y.

También note el diseño de Dios en la manera como los hombres y las mujeres cargan al bebé. Las madres tienden a sostenerlo hacia dentro, mirando hacia ellas y acurrucándolo, mientras que los padres suelen sostenerlos hacia fuera. Los padres suelen ponerse al bebé en la palma de la mano y mirando hacia fuera, mostrándole así el mundo exterior.

También observe que muchos matrimonios se divorcian justo antes de que su hijo primogénito alcance la pubertad (alrededor de los doce o trece años). ¿Por qué sucede esto? Creo que esta es parte de una estrategia específica del enemigo para remover al padre de la vida de sus hijos durante su adolescencia. El padre es el ungido, el agente designado para catapultar al niño para que sea un hombre y a la niña para que sea una mujer. Si él está fuera del panorama, entonces el diablo podrá utilizar a compañeros, películas y circunstancias para responder las preguntas claves de identidad del niño con su mensaje falso y destructivo.

Si un divorcio ocurre, los hijos mayormente van a vivir con su madre. En los primeros años de la adolescencia, frecuentemente, el hijo dice que se quiere ir a vivir con su padre, y la madre puede horrorizarse. Tal vez ella responda diciendo, "¿Por qué se te ocurre que quieres ir a vivir con tu padre? ¿No te das cuenta que es un impío y un alcohólico bárbaro? Sería muy malo que te fueras a vivir con él".

Sin embargo, hay algo en el corazón de ese niño que sabe que el padre tiene algo que él necesita. Ese algo es la bendición paternal. Muy pocas madres comprenden esta necesidad en el corazón de sus hijos, pero fue diseñada por Dios para catapultarlos a su hombría o femineidad. Creo que la indisponibilidad de un padre para bendecir a sus hijos y catapultarlos a sus vidas de adultos durante la pubertad es una de las razones por las que Dios dice que odia el divorcio (Malaquías 2:16). Muchos matrimonios escogieron divorciarse sin considerar las consecuencias generacionales que esto tendrá en sus hijos y en sus nietos.

Hay una batalla espiritual intensa para evitar que los padres se conecten espiritual y emocionalmente con sus hijos. Por eso el profeta Malaquías dice: "He aquí, yo os envío el profeta Elías, antes que venga el día de Jehová, grande y terrible. 'Él hará volver el corazón de los padres hacia los hijos, y el corazón de los hijos hacia los padres, no sea que yo venga y hiera la tierra con maldición'" (Malaquías 4:5-6, énfasis añadido).

Este versículo no habla del corazón de una madre vuelto hacia los hijos sino del corazón del padre. ¿A qué se debe esto? Mientras lo consideraba, se me ocurrió que no es difícil volver el corazón de una madre hacia los hijos. De hecho, es difícil lograr que el corazón de una madre suelte a sus hijos. Lo más desafiante, especialmente en los años de la adolescencia, es hacer que el padre se conecte emocionalmente con sus hijos. Él casi siempre está enfocado en su carrera, las finanzas, los deportes y muchas otras cosas excepto en sus hijos. Por eso dice el versículo que volverá el corazón de los padres hacia los hijos mientras que el espíritu de Elías es soltado sobre la tierra.

Como mencioné antes, el Señor Jesucristo no comenzó su ministerio hasta que recibió la bendición de su Padre celestial. Otra vez si la bendición paterna era tan importante que Jesús no hizo un milagro, no predicó un sermón ni comenzó Su ministerio hasta que la recibió, ¿cuán más importante es para nosotros hoy día?

¿QUÉ DE LAS MADRES SOLTERAS?

Algunas madres solteras tal vez se estén preguntando: "¿Qué hago? El padre de mis hijos no está disponible para bendecirlos. ¿Cómo pueden ser bendecidos mis hijos y propulsados a sus vidas adultas?". Mientras que la madre puede y debe bendecir a sus hijos a lo largo de sus vidas, ella no puede cumplir con esa función. Es el padre el que es llamado a establecer la identidad adulta y catapultar a sus hijos hacia su destino e identidad.

Algunas madres han descartado al padre de sus hijos como la persona que puede bendecirlos porque no es un creyente. Le animo a no descartar al padre aun si este no conoce a Dios o es irresponsable en muchos aspectos de la vida. Dios aún puede usarlo para impartir bendiciones significativas sobre sus hijos.

He oído testimonios de muchas madres que quedaron sorprendidas de que los padres de sus hijos estuvieran de acuerdo en participar en una ceremonia para bendecir a su hijo o a su hija en la pubertad. Otras han dicho que Dios ha usado al padre de manera poderosa, a pesar de sus fallas, para bendecir la vida de su hijo por medio de sus palabras, aunque no era un hombre de Dios. Así que si usted es divorciada o separada, le animo a que le pida al padre de sus hijos que considere bendecirlos aunque no haya sido responsable en otras cosas. Él aún sostiene la llave que Dios puede usar para abrir el futuro de sus hijos, aunque el padre no comprenda por completo lo que hace.

Si el padre no está dispuesto, o no estás disponible para bendecir a sus hijos, el cuerpo del Mesías es llamado para suplantar (vea Santiago 1:27). Los hombres de Dios son llamados a ponerse firmes y ser padres para los que no tienen padres. Muchos pastores me contaron del fruto que cambia vidas que resultó cuando ellos, u otros hombres de Dios en la iglesia, tomaron a un hombre bajo su cuidado. Ellos entrenaron al niño para la vida de adulto y luego llevaron a cabo una ceremonia de bendición para catapultar al niño a su hombría. También vi a pastores haciendo lo mismo con una joven muchacha y bendecirla en una ceremonia para entregarla a su vida de mujer. Madres solas, no se desesperen. Pídale a Dios a quién Él desea usar, cómo y cuándo para bendecir a sus hijos y soltarlos como hombres y mujeres de Dios.

Preguntas clave a responderse

Las preguntas clave que tal vez el diablo o Jesús respondan durante la pubertad son: ¿Acaso tengo todo lo que se necesita para ser un hombre/mujer de Dios? ¿Acaso estoy equipado para cumplir mi primer llamado como mujer/hombre?

Si lo recuerda, la pubertad puede ser un tiempo de mucha inseguridad. Su vida cambia física, emocional e intelectualmente. El mensaje clave que el diablo quiere enviar en este momento es, "Eres inadecuado. No tienes lo que se necesita para ser un hombre/una mujer. No estás tan bien desarrollado/a como otros hombres/mujeres de tu edad. Eres simplemente un niño o niña y nunca serás un hombre verdadero o una mujer verdadera".

Este es un tiempo cuando los adolescentes tal vez tengan que cambiarse de ropa delante de otros compañeros en el vestuario para equipos deportivos o clases de educación física en la escuela. Por lo general todos se miran unos a otros y se hacen comentarios sobre su desarrollo físico. El enemigo siempre se encargará de que haya alguien para criticar a los demás. Así que este es un tiempo de timidez, inseguridad e incomodidad.

Dios quiso que el padre estuviese allí para responder a la pregunta del corazón de su hijo con un resonante: "Sí, eres adecuado. Tienes todo lo que se necesita para ser el hombre o la mujer que Dios te llamo que fueras. Ya no eres un niño o una niña. Eres un hombre o una mujer joven. No se necesita nada más. Tienes todo lo que hace falta, ¡y hoy es el día en que te entrego para que seas un hombre o una mujer!".

Ahora, el hombre y las mujeres tienden a percibir el valor y la capacidad adecuada de distintas maneras y, por lo tanto, tienen distintas preguntas interiores del corazón que necesitan que su padre responda. Cuando el corazón de un hombre pregunta, "¿Soy adecuado?", por lo general quiere saber, "¿Soy poderoso? ¿Soy una fuerza a considerar? ¿Tengo un propósito para cumplir? ¿Tengo la inteligencia y las habilidades para cumplir con ese propósito; para hacer algo significativo, y acaso mi trabajo hará una diferencia en esta tierra? ¿Acaso alguien me pagará suficiente dinero por mis ideas o capacidades? ¿Tengo lo que se necesita para atraer a una mujer que se unirá conmigo en el propósito de mi vida y llamado? ¿Acaso en verdad tengo lo que se necesita para complacer a una mujer sexual, emocional y financieramente, para protegerla y para proveer para ella, o seré insuficiente?".

Cuando una mujer pregunta: "¿Soy adecuada?", ella, por lo general, quiere saber, "¿Soy hermosa y encantadora? ¿Valgo la pena ser cortejada? ¿Soy lo suficientemente atractiva (espiritual, emocional y sexualmente) para que un hombre arriesgue su vida para venir tras mí y luchar por mí? ¿Hay algún hombre que me ame tanto que estaría dispuesto a matar a un dragón, nadar por la fosa, subirse al muro del castillo, matar al príncipe malo, rescatarme de mi torre, y llevarme en un caballo blanco a la aventura de mi vida? ¿O estaré sola en la vida porque soy muy gorda, fea, o tonta como para que nadie me quiera?"

El padre es quien puede impartir la respuesta de Dios a esas preguntas claves del corazón de su hijo o hija en la pubertad. La manera en la que el padre se identifica con su hija en esta etapa crítica de la vida establece una expectativa en su corazón de cómo ella será tratada por otros hombres en general y, en lo específico, cómo ser tratada por su esposo. La manera en la que el padre se identifica con su hijo determina en su corazón una expectativa de cómo él será tratado por empleados y otras personas en el mercado.

Bendecir y maldecir en la pubertad

Cada cultura en el mundo tiene ceremonias, tradiciones, y ritos de pasaje en la pubertad para catapultar al niño a que sea un hombre o a la niña para que sea una mujer. Mientras que las tradiciones y las costumbres pueden variar de cultura a cultura, los elementos básicos de la bendición paternal se mantienen iguales.

Bendecir en el momento de la pubertad puede incluir:
1. Los padres aprender a separar la identidad del comportamiento para poder bendecir la identidad de su hijo/hija aun cuando corrigen su comportamiento.
2. Los padres crean un ambiente hogareño sano, lo cual facilita la manera abierta de compartir sentimientos y emociones entre el padre y el hijo o la hija.
3. El padre que acepta bendecir a su hijo de manera correcta y sana, por lo tanto separando la identidad de la niñez de la madre y catapultándolo para su hombría o femineidad.
4. Una iniciación en la hombría /femineidad que el padre orquesta.

Maldecir en el momento de la pubertad puede incluir:
1. Los padres avergüenzan y maldicen la identidad del hijo mientras tratan de corregir su comportamiento.
2. El padre impide que los hijos puedan expresar abiertamente sus sentimientos y experiencias con el por divorcio, su ignorancia, inseguridad, apatía, abandono, muerte, u algo similar.

3. El padre no acepta, bendice ni catapulta a sus hijos, y la identidad del hijo o de la hija permanece atada a la madre, haciendo que el hijo o la hija se sienta aún como niño, incluso en su vida adulta.

4. El padre manifiesta una actitud vergonzosa por los cambios físicos que ocurren en su hijo o hija.

5. El hijo o la hija experimentan cambios físicos, emocionales, o el abuso sexual, lo cual resulta en un sentimiento de inutilidad y suciedad.

CONSECUENCIAS POTENCIALES DE BENDECIR Y MALDECIR DURANTE LA PUBERTAD

Es la intensión de Dios que cada hijo e hija reciban una poderosa impartición de identidad y destino de su padre y madre en la pubertad. Creo que esta impartición debe suceder en una ceremonia de bendición pública. Esta bendición fortalece al hijo o hija para que prospere en su vida de adulto y brinda un cierre emocional a la niñez. El padre y otros líderes en la comunidad de creyentes son los que están designados y ungidos para poder impartir la bendición.

En la tradición hebrea, el hijo o la hija son entregados a la vida adulta en lo que se llama "bar mitzvah" (hijo) o "bat mitzvah" (hija), que significa "hijo o hija del mandamiento". Mientras le preguntaba al Señor por un término que podríamos utilizar en nuestra cultura del nuevo pacto, me encontré con la frase hebrea "bar barakah" (o "bat barakah), que significa "hijo (o hija) de la bendición". Esta frase se ha vuelto popular en muchas congregaciones que han hecho de la bendición durante la pubertad una práctica regular de su cultura congregacional. Pero no es importante lo que uno llame la experiencia, siempre y cuando se haga parte integral de la cultura de su familia y comunidad.

Encontré tres componentes claves de la bendición en el tiempo de la pubertad: instrucción, ceremonia y celebración. Veremos a cada uno de ellos, más detalladamente, en la caja de herramientas de bendición, pero ahora mismo quiero hablar del concepto de la ceremonia, porque creo que es el elemento crucial de la bendición.

La ceremonia trae un cierre
espiritual y emocional

Creo que hemos perdido el valor de la ceremonia en nuestra cultura occidental moderna. Una ceremonia tiende a brindar un cierre espiritual y emocional a una fase de la vida, y por lo general lleva al individuo de una etapa a la otra. Esto es verdad en una ceremonia de bodas. Una legítima ceremonia de bodas brinda un cierre espiritual, emocional y físico a la vida de soltero y lleva a la pareja a la vida de casados. Creo que Dios quiso que la ceremonia de la etapa de la pubertad trajese el mismo tipo de cierre emocional a la niñez y lleve al individuo a su vida de adulto.

En las culturas que regularmente tienen ceremonias de pasaje, el joven o la joven experimentan un cierre espiritual y físico y comienzan una nueva etapa de la vida. Por ejemplo, en la cultura judía ortodoxa, si usted le pregunta a un joven, "¿Eres un hombre?", este responderá definitivamente sí o no. ¿Por qué? Porque habrá una ceremonia (bar mitzvah) que lo hace pasar a su vida como hombre. Después de ese día, se vestirá distinto y tendrá ciertos privilegios y responsabilidades que no tenía antes. En la mayoría de los casos, los sentimientos de los jóvenes cambian en ese momento.

Por otro lado, he descubierto que muchas personas que nunca tuvieron una ceremonia de bendición durante la pubertad mantienen sentimientos de niño pequeño o niña pequeña en la vida adulta. Si usted le pregunta a la gente, "¿Cuándo se convierte uno en un hombre o una mujer?", sus respuestas seguramente variarán. He oído a la gente decir, "A los dieciocho años", "A los veintiuno", "Cuando uno aprende a conducir", "Cuando uno se casa", "Cuando tienes relaciones sexuales por primera vez", "Cuando tienes un hijo", y más. El punto es que nadie sabe.

En realidad, Dios quiso que fuese la bendición ceremonial del padre la que hiciera pasar, espiritual y emocionalmente, al niño para que sea hombre, o a la niña para que sea una mujer. Sin esa bendición, muchas personas pasan el resto de sus vidas esperando para poder sentirse como adultos finalmente. Ese sentimiento no se irá en ninguna edad en particular porque Dios designó que se terminara cuando el cordón umbilical emocional es cortado por medio de una ceremonia de bendición que el padre dirige. Tal vez se recuerde la historia de Luis, quien se sentía que se comportaba como un niño pequeño enojado hasta que cumplió sesenta y cinco años y su padre lo bendijo y lo hizo pasar a su vida de hombre. Ese día, Luis se sintió hombre por primera vez en su vida. Dios quería que esto ocurriera cincuenta años antes pero, desafortunadamente, a pesar de que eran cristianos, esta familia no creció en una cultura de bendición.

En algunas culturas los padres comprenden que ellos son responsables por hacer pasar a sus hijos para que sean hombres, pero algunos lo hacen de manera pervertida. Algunos hombres me han dicho que en sus años de adolescencia sus padres los llevaron a emborracharse e hicieron arreglos para que pasaran una noche con una prostituta para iniciar su vida sexual. En vez de generar un sentimiento seguro de hombría, las acciones de estos padres solo llevan a tener sentimientos de culpa, vergüenza, profanación y adicción.

La gente a la que sus padres nunca hicieron pasar a la vida de adulta durante su pubertad trata de "hacer" algo que creen hará que el sentimiento de niño se vaya. Los hombres se unen a una pandilla, la cual tiene su propia ceremonia de pasaje para que los muchachos se conviertan en hombres. Tal vez se enlisten en el ejército, o traten de lograr el éxito en los deportes o sus carreras. Una mujer puede hacer cosas similares para tratar de convertirse en una "verdadera mujer". Tal vez se vuelva promiscua para tratar de atraer a los hombres, o tal vez busque un estatus financiero o el éxito en los deportes o en su carrera. Ninguna de estas cosas jamás sustituirá la bendición paternal ni quitarán los sentimientos de inseguridad de la niñez.

LAS MEDIDAS PROTECTORAS DE DIOS
EN LA ANTIGUA CULTURA HEBREA

Dios puso dos medidas proactivas en la antigua cultura hebrea para asegurarse que los hijos fuesen bendecidos en la pubertad:

1. Una ceremonia de pasaje practicada en la pubertad

2. La Ley de Moisés (Torá), la cual le enseñó a los padres, por ejemplos prácticos, a separar la identidad del comportamiento y cómo gobernar ofreciendo consecuencias en vez de maldecir la identidad cuando se trata de controlar el comportamiento.

En la antigua cultura hebrea, cada familia realizaba una ceremonia para hacer pasar al hijo a su vida adulta. Cada hijo, y casi todas las hijas, tenían que tener una ceremonia de pasaje cuando cumplían doce o trece años. En ese momento, el padre bendecía al hijo, y la comunidad lo recibía en su grupo como un adulto. Mientras que casi siempre había una ceremonia para hacer pasar al niño a su vida de hombre, para las mujeres, desafortunadamente, no siempre se hacían ceremonias. A medida que incorporamos esta tradición de bendición en nuestras familias y comunidades, debemos darnos cuenta que las muchachas también necesitan esta bendición tanto como los muchachos.

Dios usó la bendición paternal en la pubertad para sellar en lo profundo del joven, hombre o mujer, un género apropiado de adulto. Incluso hoy, en la cultura hebrea y en otras culturas que practican ceremonias de pasaje, parece haber poca confusión de sexo. Por el contrario, a causa del déficit de bendición en nuestra cultura moderna, vemos una gran confusión sobre el sexo en la vida adulta.

Una segunda medida protectora que Dios puso en la antigua cultura hebrea era la aceptación cultural de la Ley de Moisés (Torá). En los primeros cinco libros de la Biblia Dios le enseñó a su pueblo su sistema de gobernación, el cual era ofrecerle opciones con consecuencias (Deuteronomio 30:19).

Al dar un mandamiento, una enseñanza, o prescribir una consecuencia para una violación (Proverbios 6:23), Dios le enseñó a los padres a y a las familias, con el ejemplo, cómo separar la identidad del comportamiento. Por ende, hay una gran posibilidad de que si usted creció en esta cultura, que sus padres hubiesen usado este sistema de gobernación, en lugar del de Satanás, para gobernar su familia.

Hoy día, muchos padres repiten el patrón de comportamiento de otras generaciones y usan el sistema de Satanás para gobernar el comportamiento de sus hijos en sus años de adolescencia. Otra vez, podemos cambiar esto en nuestras familias para la próxima generación.

CAJA DE HERRAMIENTAS DE BENDICIÓN

Al igual que en capítulos anteriores, quiero brindarle oraciones específicas que usted puede orar por su hijos durante la etapa de la pubertad. Comenzaremos con las oraciones remediales que usted puede orar si falló a la hora de bendecir a sus hijos en la pubertad y ya se les pasó esa edad. Luego, nos enfocaremos en detalle sobre cómo usted puede bendecir a su hijo o hija durante la pubertad.

ORACIONES REMEDIALES PARA ROMPER LA MALDICIÓN

Si usted se perdió la oportunidad de bendecir a su hijo en la pubertad y él o ella son mayores ahora, planee llevar a cabo una ceremonia para entregarlos a la vida adulta.

Es importante darse cuenta que el corazón de su hijo todavía desea recibir la bendición de un padre que corta el cordón umbilical que le ata a su madre y le hace pasar a su identidad de adulto.

No importa cuán grande sea su hijo o su hija. ¿Recuerda a Luis, cuya vida fue cambiada cuando fue bendecido por su padre a los sesenta y cinco años? Si usted todavía respira, y su hijo también, entonces le animo a que lleve a cabo una ceremonia de bendición y celebración. Si su hijo ya es adulto, tal vez quiera utilizar algunos de los componentes que detallo en este bosquejo, así como el tiempo de instrucción. Está bien adaptar esto como mejor se amolde a su familia. Lo que es más importante aún es que usted lleve a cabo esta ceremonia de bendición y celebración.

Si usted maldijo en vez de bendecir a su hijo durante la pubertad, arrepiéntase por haber sido el agente de Satanás e impartir su mensaje en la vida de su hijo.

Entonces planifique tener una ceremonia de bendición y celebración para entregar a su hijo/a a la vida adulta. Puede usar la oración a continuación como guía para pedirle perdón a Dios por haber maldecido a sus hijos.

Padre, reconocemos hoy que durante el tiempo de la adoles-
cencia de [nombre de su hijo] fuimos usados por el enemigo
para maldecir su identidad y quitarle su valor. Ese no era
tu mensaje. Hoy renunciamos al mensaje que impartimos
en aquel entonces con nuestras palabras, actitudes y accio-
nes. Padre, perdónanos por la sangre de Jesús por no haber
impartido tu mensaje a nuestro hijo/hija. Perdónanos por
no haber hecho una ceremonia para entregar a nuestro hijo/
hija a su hombría/femineidad. Ahora mismo rompemos
cualquier maldición sobre la hombría/femineidad de [nom-
bre de su hijo/hija]. Señor, te pedimos ahora que le hables al
espíritu de [nombre de su hijo/hija] la verdad sobre quién
él/ella es como hombre/mujer. Declaramos que [nombre de
su hijo/hija] ya no es un niño pequeño, no es el niño peque-
ño o la niña pequeña de mamá, sino que es un hombre o
una mujer.

ORACIONES Y PASOS DE ACCIÓN PARA DESATAR LA BENDICIÓN

El resto de las cajas de herramientas de bendición explican cómo bendecir a su hijo o hija en la etapa de la pubertad. Como mencioné anteriormente, hay tres componentes claves que deben incluirse en el acto
de bendición de un hijo o una hija, durante la pubertad, para entregarles a su identidad de adulto. Para una descripción más detallada
de cada componente, lea mi libro *Bar Barakah: A Parent's guide to a*
Christian Bar Mitzvah [Bar Barakah: La guía para padres para del Bar
Mitzvah cristiano].[1]

INSTRUCCIÓN

La ceremonia de bendición durante la etapa de la pubertad, tanto para
niños como para niñas, debe incluir un tiempo de preparación e instrucción por los padres. Este tiempo de instrucción es tan importante
como la ceremonia en sí. Como muchos de nosotros desafortunadamente no recibimos este tipo de instrucción de parte de nuestros padres,
a veces es difícil saber qué decirles a los hijos durante este tiempo. Por

eso tal vez ayude si usted consulta primeramente con su pastor como lo haría si su hijo estuviera casándose.

Sin embargo, como mencioné antes, es su responsabilidad instruir a sus hijos, no la del pastor. Permita que él le provea algunas guías para usted, pero no le deje todas las instrucciones a él. Ni el pastor, ni tampoco el líder de jóvenes, se pondrán de pie delante de Dios y darán cuenta al Señor por la instrucción que recibió su hijo. Usted lo hará.

Creo que el padre es el que debe iniciar y supervisar la instrucción, pero ambos padres deben, de ser posible, participar. Dios creó una hermosa ventana de oportunidad para esta instrucción, y esa es en el año anterior o dos años antes de que concluya la adolescencia. Alrededor de los once o doce años, la mayoría de los niños, por naturaleza están preparados por Dios para recibir instrucción acerca de la vida adulta por parte de los padres. Los corazones de los hijos tienden a estar más abiertos al de los padres en esos momentos de la vida, dado que no están consumidos por un montón de otras actividades extracurriculares. Muchos chicos todavía disfrutan de pasar tiempo con sus padres en esa edad.

A pesar de que la información y la enseñanza son importantes, estos tiempos de instrucción deberían enfocarse más en edificar relaciones y discipular más que en impartir contenido. Este tiempo de instrucción está ideado para preparar al niño a:

1. Entrar en un sentido serio de identidad adulta.
2. Desarrollar un sentido claro de destino y propósito, incluyendo una misión personal.
3. Ser entregado a la hombría o femineidad .
4. A tomar responsabilidad como adulto por su propio crecimiento espiritual desde el momento de la ceremonia en adelante.
5. A caminar en pureza emocional y sexual todos los días de su vida.

Hablemos sobre cómo los padres pueden llevar a cabo el tiempo de instrucción del hijo o de la hija. Una de las responsabilidades críticas es que los padres les den información sobre el sexo que sea apropiada para la edad. Mientras que hay otros temas importantes para hablar y discutir con sus hijos cuando estos entran en la pubertad, las discusiones acerca del sexo y sobre cómo sus cuerpos están cambiando son particularmente importantes, y también incómodas. Es importante recordar que las discusiones sobre el sexo deben ocurrir a lo largo de los años del crecimiento del niño, no solo una vez.

Creo que la intención de Dios es que el padre sea la fuente primordial de información sexual para el hijo y para la hija. No se supone que reciban información errónea por parte de sus compañeros, de otros adultos, de videojuegos, de páginas de internet ni de las películas. Mientras que es importante que los dos padres participen en la educación sexual de los hijos, es especialmente importante que el padre tenga discusiones abiertas para prepararlos para enviarlos a su vida con la identidad de adultos.

Cuando se trata de hablarle del sexo a las hijas muchos padres, por su propia inseguridad y vergüenza, le delegan esta tarea a la madre. Esto no es saludable. Como mencioné, la forma en la que el padre se relaciona con su hija en esta etapa crítica de la vida la preparará, espiritual y emocionalmente, para su relación con su esposo. Si el padre degrada su sexualidad como si fuese algo vergonzoso o malo, entonces la hija esperará ese mismo comportamiento de su futuro esposo. Por esta razón, es sumamente importante que el padre esté involucrado a la hora de hablar con su hija acerca de su sexualidad en desarrollo.

Cuando llega la hora de hablar con un hijo acerca del sexo durante la pubertad, el padre puede decirle algo así: "Hijo, en los próximos meses, o en el próximo año, notarás cambios físicos, emocionales e intelectuales en tu vida. Verás que estarás pensando cosas que antes no pensabas. Verás que sentirás ciertas emociones que antes no sentías. Te comenzará a crecer bello en partes de tu cuerpo donde antes no tenías bellos.

"En los próximos meses, comenzarás a preocuparte por cómo las otras personas te ven, especialmente las chicas. Sé que esto tal vez no tenga sentido para ti en este momento, pero quiero que recuerdes que te lo digo para el futuro. Verás que querrás pasar más tiempo con las chicas y sentirás atracción sexual por ellas. Hijo, quiero que sepas que estos cambios provienen de Dios, no del diablo. Dios es quien nos hizo seres sexuales, y la atracción sexual en sí misma no es algo sucio ni feo. Es bueno, puro y correcto.

"Dios te creó para estar atraído sexualmente a las mujeres. Sin embargo, hijo, hay una gran deferencia entre la atracción sexual y la lujuria. Si no aprendes a controlar tus pensamientos sexuales apropiadamente, estos se convertirán en lujuria, la cual no proviene de Dios y destruirá tu vida. Sé de qué estoy hablando, hijo, porque yo también tuve que lidiar con estos pensamientos y sentimientos. Quiero enseñarte a hablarle a Jesucristo sobre esto y a entregarle estos pensamientos y sentimientos a Él. Hijo, cuando comiences a tener estos pensamientos y estas emociones, quiero que empieces a contarme a mí al respecto, porque yo te puedo ayudar a canalizarlos apropiadamente. ¿De acuerdo? Quiero caminar contigo en este momento de tu vida."

Un padre debe poder hablarle de la misma manera a una hija: "Cariño, estás creciendo y en los próximos meses o año comenzarás a experimentar varios cambios en tu vida. Comenzarás a tener pensamientos que antes no tuviste y a sentir emociones que antes no sentiste. Comenzarás a sentir atracción sexual por los chicos. Esto no es malo ni es del diablo. Es algo natural y es diseñado por Dios. La relación sexual no es algo sucio, feo ni impuro. Sin embargo, si no aprendes a entregarle esos pensamientos y emociones a Jesús, satanás tratará de convertir esta atracción dada por Dios en lujuria. La lujuria es impura y muy destructiva.

"A medida que creces, porque Dios te hizo muy hermosa, verás que muchos chicos se te acercarán de manera sexual y motivados por la lujuria. Vas a sentir como que tienes que protegerte de ellos continuamente. Sin embargo, Dios nunca quiso que tuvieses que protegerte tu propio corazón de la lujuria de otros hombres. Dios me puso a mí en tu vida para ser el protector de tu pureza emocional y sexual. Por lo tanto, si algún joven está coqueteando contigo o expresa interés en tener más que una amistad contigo, por favor, dale mi tarjeta de presentación personal y dile que haga una cita para verme. Yo estaré contento de reunirme con él para determinar si fue enviado de parte de Dios como posible candidato para esposo tuyo.

"Querida, en los próximos meses o año también experimentarás cambios físicos en tu cuerpo. Te comenzará a crecer bello en áreas donde antes no tenías. También algún día notarás que estés sangrando vaginalmente. Sé que esto puede parecer algo vergonzoso, pero quiero que sepas que es completamente normal. Cuando esto suceda, no quiero que te asustes ni que pienses que estás enferma o que te estás muriendo. Esto es normal y fue diseñado por Dios para ayudar a las niñas a convertirse en mujeres. Este sangramiento es una parte normal del ciclo de la vida que limpia tu cuerpo y le da la habilidad de algún día tener hijos. No tengas miedo ni sientas vergüenza al respecto. Cuando este ciclo comience en tu cuerpo, tu madre y yo queremos celebrarlo contigo, porque esto marca tu transición de niña a mujer".

Si usted tiene este tipo de discusiones abiertas con su hijo o hija, podrá mantener una relación abierta en los años consecuentes. Esto le permitirá seguir bendiciéndoles y guiándoles mientras se embarcan en su vida de identidad y destino de adultos. Tal vez le parezca que estoy describiendo "la charla" sobre el sexo, pero esa no es mi intención. Mi anhelo es que en los próximos años, usted aproveche todas las oportunidades para tener este tipo de interacción y discusiones con sus hijos.

CEREMONIA

El tiempo de instrucción, el cual puede durar unos meses o un año, debe culminar con una ceremonia que catapulta al hijo o a la hija a su vida adulta. Esta ceremonia ayuda a crear una clausura de la niñez. Como mencioné anteriormente, esta ceremonia no es algo pequeño y debe tratarse como un evento muy importante. En la cultura judía, esta ceremonia tenía la prioridad como la de una boda. En su libro, *Raising a Modern-Day Knight* [Cómo criar a un caballero moderno], Robert Lewis muestra cuatro componentes importantes de esta ceremonia de bendición.[2]

1. *Es costosa*. Algo que cuesta demuestra que tiene valor. El rey David quería erguir un altar al Señor en la era de Arauna jebuseo. Arauna le ofreció darle la era al rey, pero David le dijo: "'No, sino por precio te lo compraré; porque no ofreceré a Jehová mi Dios holocaustos que no me cuesten nada'. Entonces David compró la era y los bueyes por cincuenta siclos de plata" (2 Samuel 24:24). David comprendió la importancia de que un gasto significa valor. No sugiero que se gaste miles de dólares en una ceremonia de bendición, peor sí creo que el gasto debe ser significativo.

2. *Le da valor al individuo.* Al hacer "una gran cosa" de la ceremonia de bendición, usted le está diciendo a su hijo o hija, "Eres importante. Este momento es importante".

3. *Debe emplear símbolos con propósito.* Debería haber un objeto tangible que el hijo o hija puedan guardar como señal del bar barakah. Esto puede ser un anillo o medallón, una prenda, un certificado, o alguna otra cosa física. Algunos grupos primitivos se hacían marcas permanentes en sus cuerpos cuando pasaban por alguna ceremonia importante. Creo que mucho de las perforaciones que se hacen los jóvenes en la actualidad se deben a la falta de bendición por parte de padre para entregarles a la vida e identidad adulta. Para muchos jóvenes, las perforaciones en sus cuerpos y los tatuajes son, simplemente, una expresión de una legítima necesidad de un artículo visible para demostrar la hombría o femineidad, dado que nunca recibieron un artículo por parte del padre.

4. *Fortalece su vida con visión.* Una ceremonia memorable crea un momento de transición. Conlleva el poderoso mensaje, "Tu vida nunca será igual. Estás entrando en una nueva etapa". Esto le sucedió a Jesús cuando Él fue bautizado en el río Jordán. Le sucede a un niño judío en la ceremonia bar mitzvah, y le sucede a los matrimonios durante su boda. Queremos expresarles a nuestros hijos durante la ceremonia, "Tu vida será completamente distinta de ahora en más. Ya no serás más ese pequeño muchachito o pequeña muchachita".

Una tradición que se popularizó en algunas congregaciones es un retiro de fin de semana en el bosque para padres e hijos. Esto es para entregarles a la vida adulta y darles la bienvenida a la comunidad de hombres. Algunas comunidades también incluyen un "baile de princesa" como parte de una ceremonia para entregar a las hijas a su vida adulta. Creo que estos tipos de eventos son valiosos, así como lo es guiarles en el camino a la hombría o femineidad. También es importante llevar esta cultura de bendición más allá de nuestra propia familia y esparcirla en la comunidad de creyentes.

Va más allá del alcance de este libro dar detalles de la ceremonia en sí. Si usted quiere información más específica para planificar una ceremonia de bendición, tal vez quiera leer mi *Bar Barakah: A Parent's Guide to a Christian Bar Mitzvah* [Bar Barakah: Una guía para padres para conducir un bar mitzvah cristiano].

Creo que la ceremonia debe incluir compromisos de parte del joven así como bendiciones de parte de los padres, en especial del padre. A continuación presento varios ejemplos de compromisos y bendiciones que considero sabio incluirlas en la ceremonia. Estos ejemplos fueron modificados de los que mi esposa y yo utilizamos con nuestros dos hijos, Josh y Johnny, en sus ceremonias de bendición. Estos compromisos pueden adaptarse para usarlos con un hijo o una hija.

Ejemplos de compromisos de parte del hijo o de la hija

1. Le entrego el resto de mi vida a Jesucristo. Mi deseo es que Él me convierta en el hombre o mujer que Él desea que yo sea.

2. Me comprometo a vivir mi vida, según la gracia que Dios me da, de manera que le agrade a Él, apropiándome de la Biblia como mi único estándar de fe y conducta y como la base para todas las decisiones que tome en mi vida.

3. Me comprometo como persona soltera a relacionarme con hombres/mujeres de manera pura y piadosa. Elijo conducir mis relaciones con hombres/mujeres según los principios de las amistades y alianzas cristianas y no según los del noviazgo. (Hablaré más de este concepto en el capítulo 9.)

4. A medida que entro en mi vida de hombre/mujer me comprometo a continuar honrando la autoridad de mis padres y a verles como los principales instrumentos de Dios para mi desarrollo de carácter y crecimiento en la vida.

5. Me comprometo a reconocer el dinero como un regalo de Dios en vez de algo que me gané. Como tal, me comprometo a la mayordomía de todos los recursos financieros que Dios elija darme o poner a mi disposición. Renuncio al espíritu de avaricia y elijo hacer de Cristo mi fuente de provisión financiera de este día en adelante.

6. Elijo honrar a toda autoridad legítima en mi vida. Me comprometo a honrar la autoridad de mis padres, maestros, profesores, pastores y autoridades civiles. Renuncio, específicamente, a toda actitud o estilo de vida de independencia y rebelión, y decido vivir mi vida como un hombre o una mujer libre, bajo toda autoridad en efecto.

7. Mi pasaje favorito de la Biblia hasta este momento en mi vida es _____.

Ejemplos de compromisos de parte de los padres

1. Nos comprometemos a seguir enseñándote los principios de Dios para la vida.

2. Nos comprometemos a seguir amándote. No hay nada que jamás puedas hacer que haga que no te amemos más. Siempre serás nuestro hijo / nuestra hija.

3. Nos comprometemos a hacer una prioridad del estar disponibles y dispuestos a ayudarte y aconsejarte en cualquier aspecto de tu vida, en cualquier momento. Queremos oírte sin juzgarte ni condenarte y hacer todo lo que esté a nuestro alcance para cooperar con Dios para bendecir tu vida.

4. Nos comprometemos a orar por ti regularmente. Continuaremos orando para que la voluntad de Dios se lleve a cabo en tu vida y que puedas logar tu destino en Él.

5. Nos comprometemos a unirnos a ti en oración acerca del tiempo de Dios y su elección para tu cónyuge. Nos ponemos de acuerdo en protegerte de cualquier hombre o mujer que no sea enviado por Dios para ser tu esposo o esposa.

6. Nos comprometemos a seguir honrándote con comunicación abierta y comprensión. A medida que Dios nos da gracia, siempre intentaremos de separar la identidad del comportamiento para poder honrarte como persona cuando tu comportamiento requiera disciplina.

7. Nos comprometemos a seguir aplicando disciplina bíblica, apropiada para la edad, según el Señor nos indique, para poder desarrollar tu carácter y capacitarte para cumplir con tu destino mientras permanezcas en casa.

Ejemplo de oración de la bendición paternal

Muchas personas me han pedido un ejemplo de oración de bendición paternal para orar en la ceremonia de bendición. No hay, obviamente, un modelo estándar de oración, dado que cada padre debe orar según le indique el Espíritu Santo. Sin embargo, para poder darle un poco de dirección, he incluido las siguientes pautas como ejemplo de oración.

Un modelo de oración para orar sobre la vida de un joven en la ceremonia de bar o bat barakah debe incluir, por lo menos, cinco de los siguientes componentes:

1. Una confirmación de identidad de género.
2. Una entrega a la hombría o la femineidad.
3. Un llamado a las cualidades positivas del carácter.
4. Una proclamación de cualquier palabra profética que se hayan declarado sobre el hijo o la hija.
5. La declaración específica de una bendición personal del padre y de la madre hacia el hijo o la hija.

La bendición que el padre orará sobre su hijo, Bob, por ejemplo, sería algo así:

> *Padre Dios, te agradezco por mi hijo Bob. Bob, ya no eres más un niño. Hoy te conviertes en un hombre. Estás equipado con todo lo que necesitas para poder cumplir con tu destino como hombre de Dios. Antes de la creación de la tierra, el Dios todopoderoso planeó que tú fueras un hombre. No hay nada que puedas hacer para convertirte en hombre porque Dios ya te hizo uno. Hoy simplemente reconocemos, de manera pública, lo que Dios ha hecho en ti.*

Además, note las cualidades específicas de su carácter, por ejemplo:

> *Bob, he notado que Dios te hizo muy inteligente. También te dio el don de ser articulado en tu comunicación y te dio la habilidad de simplificar conceptos complicados y hacer que otros los puedan entender. Creo que el Señor te usará de*

manera poderosa para enseñar su Palabra a otros. Además, eres un pacifista. No que cuando tus amigos están enemistados, que tú usas las palabras adecuadas para reconciliarlos. Creo que Dios te usará en gran manera en el ámbito de la reconciliación y la enseñanza.

Hijo, estoy tan contento que Dios te puso en nuestra familia. Eres un hijo maravilloso. ¡Te amo! Estoy tan orgulloso de ti hoy. Te bendigo con la sabiduría de Dios, con la seguridad emocional, con la pureza sexual y la fidelidad marital. Que Dios te continúe prosperando en todo lo que hagas y que sirvas al Señor Cristo todos los días de tu vida. Hoy te suelto para que dejes de ser el niño pequeño de mamá y te entrego a la autoridad y la responsabilidad de la vida de hombre. Hoy Bob, ante Dios y todos estos testigos, como padre declaro que tú eres un hombre. Te amo hijo, y te entrego para que lleves a cabo tu destino en Cristo.

CELEBRACIÓN

Ninguna ceremonia está completa sin una fiesta después para celebrar. Este celebración bar/bat barakah puede ser como la recepción de una boda. Otra vez, haré algunas sugerencias, pero usted debe hacer una recepción para su hijo o hija que sea apropiada según su cultura. La mayoría de las personas no necesitan instrucción para saber cómo hacer una gran fiesta.

Creo que esta recepción debe ser en un tipo de lugar donde se realizaría una boda. Tal vez quiera servir una comida o unos simples refrescos. Como sea, tal vez quiera tener un pastel para honrar a su hijo o hija. Es completamente apropiado que los invitados alaguen al muchacho o a la muchacha con regalos o dinero (tal vez para educación futura o viajes misioneros). También sería bueno tener presenta una banda de alabanza y adoración para que toquen música.

Después de que sus invitados hayan comido y pasado un tiempo de compañerismo, tal vez quiera darle la oportunidad de que los invitados bendigan a su hijo. Tal vez usted quiera declarar otras palabras informales de bendición, o hacer que algunos individuos específicos lean una escritura, den una palabra profética, lean un poema, canten una canción, o cuenten alguna historia sobre su hijo o hija. Es importante que cada cosa que se haga sea de bendición y edificación para su hijo o hija. Historias o palabras vergonzosas o bochornosas no son apropiadas.

Recuerde que todo lo que incluí en la caja de herramientas de bendición es solo una guía en la que usted se puede basar para desarrollar su propia tradición de bendición en su familia y comunidad. Es menos importante cómo se hace que el que se lleve a cabo. Por lo tanto, le animo a no pasar mucho tiempo tratando de que todo "sea perfecto". Pídale a Dios cómo Él quiere que usted bendiga a sus hijos, y Él le guiará.

Capítulo 9

BENDECIR A SUS HIJOS
A LA HORA DEL MATRIMONIO

L LEGAMOS AHORA EL sexto momento crítico de bendición en la vida de un hijo o una hija. Esta es la bendición que Dios planeó que ocurra a la hora del matrimonio. No cada hijo o hija es llamado(a) por Dios para casarse, pero si la mayoría. Al igual que la importante transición que ocurre en la pubertad de la niñez a la vida adulta, otra transición importante ocurre a la hora del matrimonio de la vida soltera a la vida casada. Yo creo que Dios planeó que cada matrimonio sea bendecido por los dos pares de padres. Sin embargo, por muchas razones en nuestra cultura muchas parejas no son bendecidas en el matrimonio por sus padres.

MODELO CLAVE

Los dos padres juegan un papel clave bendiciendo el matrimonio de sus hijos y soltando a su hijo o hija para que se una a su cónyuge. Cada padre tiene la habilidad de bendecir y soltar o de maldecir y retener. Es por eso que es tan importante incluir a los padres en el proceso de preparación del matrimonio. Si los padres entienden el papel espiritual de bendecir y soltar, harán la transición de la vida soltera a la vida casada mucho más facial para la pareja casada.

PREGUNTAS CLAVES A SER RESPONDIDAS

Las preguntas claves a ser respondidas por Dios o Satanás a la hora del matrimonio son: *¿Acaso puedo ser amado? ¿Alguien me amará y se quedará conmigo en este pacto a largo plazo?* Como el matrimonio es un pacto para toda la vida, muchas personas sienten un gran miedo eligiendo a la persona correcta.

Los padres tienen la oportunidad en este momento de decirle a su hijo o hija, "Si, estás completamente adecuado y preparado para ser un esposo/esposa. Tienes todo lo que necesitas espiritual, emocional y físicamente. Hemos orado desde el día que naciste para que Dios te envíe la persona que Él eligió para ser tu esposo/esposa, y ahora lo hizo. Esta es la persona correcta en el momento correcto, y bendecimos tu matrimonio y futura vida juntos".

Desafortunadamente muchos padres no pueden bendecir el matrimonio de su hijo o hija con integridad porque verdaderamente no creen que el futuro esposo o esposa sea lo que escogió Dios, o que su hijo(a) esté listo para casarse. Por lo tanto muchos padres se enfrentan al dilema de bendecir el matrimonio aunque no estén de acuerdo o de guardarse la bendición.

Fue tan importante para Dios que los padres bendijesen el matrimonio de sus hijos que Él puso una provisión en la antigua cultura hebrea que hizo que fuese imposible que un matrimonio no fuese bendecido por sus padres. En la cultura hebrea bíblica, los padres estaban profundamente involucrados en la selección de la futura pareja de su hijo(a). En algunos casos los padres eligieron el esposo(a) de su hijo o hija sin darle muchas opciones a su hijo(a). Como los padres eligieron las parejas, ellos prácticamente siempre aprobaban el matrimonio.

No estoy sugiriendo que volvamos a los matrimonios arreglados. Solo estoy haciendo referencia a lo importante que era para Dios que los padres bendijeran el matrimonio de sus hijos que Él hizo que fuese casi imposible que no sucediera en la cultura bíblica hebrea. Aun en nuestra cultura hoy en día yo creo que Dios quiere que las familias se unan para dirigir las relaciones románticas y seleccionar la pareja para casarse. Si los padres y su hijo o hija están orando y buscando a Dios juntos para que Dios envíe su elección, hay una probabilidad más grande de que los padres bendigan el matrimonio que si los padres no están involucrados en el proceso. Cuando los hijos e hijas dirigen sus propias relaciones románticas y el proceso de selección del futuro cónyuge separado de sus padres, hay una probabilidad más grande de que ese hijo o hija pierda el plan de Dios de su cónyuge.

BENDICIÓN Y MALDICIÓN A LA HORA DEL MATRIMONIO

Casi todas las culturas en el mundo abrazan el concepto del matrimonio en alguna manera. En la mayoría de las culturas la bendición de los padres en la boda juega un papel importante en soltar a la pareja recién casada para que prospere en su nueva vida juntos.

La bendición a la hora del matrimonio puede incluir los siguientes componentes claves:

1. Las dos parejas de padres estando de acuerdo con su hijo o hija sobre la elección de la pareja para casarse y el tiempo del matrimonio.
2. Las dos parejas de padres asistiendo a la ceremonia de la boda y bendiciendo el matrimonio.
3. Cada pareja de padres aceptando contentos a su nuevo yerno o nuera como parte de su familia.
4. Las dos parejas de padres dispuestos a dejar ir a su hijo/hija espiritual y emocionalmente para unirse a su esposa/esposo para convertirse en una nueva unidad familiar.

La maldición a la hora del matrimonio puede involucrar lo siguiente:

1. Que una o las dos parejas de padres no estén de acuerdo con la elección del cónyuge de su hijo(a) o con el tiempo del matrimonio, y sosteniendo que es la persona equivocada y que el matrimonio no va a durar.
2. Que una o las dos parejas de padres se rehúsen a asistir a la ceremonia de la boda y que se rehúsen a bendecir o que maldigan el matrimonio de su hijo/hija.
3. Que una o las dos parejas de padres rechacen al nuevo yerno o nuera y que se rehúsen a recibirlo(a) en su familia.
4. Que una o las dos parejas de padres se rehúsen a permitir que su hijo/hija dejen a sus padres emocional o espiritualmente, y por lo tanto bloqueando a su hijo para que se una apropiadamente con su esposa/esposo en una nueva unidad familiar.

Consecuencias potenciales de la bendición
y la maldición en el matrimonio

Miremos ahora las consecuencias de la bendición y la maldición en el matrimonio. Cuando las dos parejas de padres bendicen un matrimonio, generalmente les da a los hijos un gran sentido de paz y seguridad. No tienen nada que probarles a los padres y pueden dejar que el Espíritu Santo los guíe en su matrimonio.

Por otro lado, cuando los padres han maldecido el matrimonio de sus hijos, los hijos están siendo motivados a refutar los problemas que los padres anticiparon. Si los padres dijeron cosas como, "Este matrimonio no va a durar seis meses", "Te estás casando con la persona equivocada", o "Eres demasiado joven para casarte", los hijos generalmente quiere probar que están equivocados.

Cuando los padres hacen tales declaraciones, palabras que maldicen la identidad de un hijo o hija, el alma del hijo va a estar sin paz. Como el hijo adulto está tratando de refutar las palabras de sus padres, su corazón no está libre para ser guiado por el Espíritu Santo en el matrimonio. En vez de eso, la carne continuamente está motivando al hijo a traer paz a su alma probando que sus padres están equivocados. Los dos individuos en el matrimonio trabajan bajo la maldición de sus padres para tratar de refutar sus palabras.

Una segunda consecuencia es que los hijos que no fueron bendecidos por sus padres en el matrimonio generalmente no desarrollan una amistad con sus padres y por lo tanto no pueden disfrutar de una relación cercana con ellos a través de sus vidas como adultos. Esto puede añadir presión a la relación con los nietos que lleguen a nacer.

La bendición desata mientras
que la maldición ata

Otra consecuencia de la falta de bendición de los padres al matrimonio de su hijo adulto es que el hijo o la hija casado(a) no pueden dejar a los padres de manera apropiada para unirse a su esposa o esposo. La bendición tiende a darle al hijo la habilidad espiritual y emocional para dejar al padre y a la madre, mientras que la maldición tiende a atar el corazón de un hijo espiritual y emocionalmente a sus padres.

Ministrando a miles de matrimonios a través de los años, descubrí que muchos de los conflictos matrimoniales se originaron por la inhabilidad de poder unirse (fundirse) a su cónyuge porque el corazón del individuo nunca dejó a sus padres espiritual y emocionalmente. (Ver Génesis 2:24.) Cuando alguien no se va, es imposible unirse. Obviamente no estamos hablando de irse geográficamente sino espiritual y emocionalmente.

Dios diseñó al hombre para estar seguro en su identidad masculina a través de la bendición de sus padres y luego para guiar, proteger y pelear por sus esposas. Así que un hombre que no fue bendecido por sus padres generalmente va a buscar a su esposa para que lo haga sentir como un hombre. Ese hombre no va a dirigir, proteger o pelear por su esposa. En vez de eso él se va a proteger a sí mismo, va a pelear con su esposa y va a renunciar a su liderazgo en la familia.

Dios diseñó a la mujer para confiar que su esposo va a protegerla y pelear por ella, y por consiguiente permitiendo que ella lo respete y se someta a él. Una mujer que nunca fue bendecida por sus padres generalmente no va a confiar en su esposo porque no pudo confiar en su padre. A causa de esta falta de confianza, ella no va a respetar ni someter a su esposo. En vez de eso ella se va a proteger a sí misma, va a pelear con su esposo y debilitar o usurpar su autoridad en la familia.

Cuando ministré a matrimonios, encontré que muchas veces el principal mecanismo que ata el corazón de un hijo adulto a su padre es el juicio de un niño y la amargura. Hebreos 12:15 nos dice que la amargura en mi corazón me contaminará no solo a mí sino a muchas otras personas también. ¿Cómo funciona esto?

Lamentablemente el alma humana es como una cámara y reproduce muy adentro la imagen que enfoca. Usted no puede enfocar su cámara en un león en el zoológico pero desear y esperar que la cámara produzca la foto de un elefante. Usted obtendrá la foto del león en el que enfocó su cámara, no del elefante que desea. El deseo no produce una imagen; el enfoque emocional lo hace. El juicio y la amargura crean en lo profundo un enfoque emocional en cada cualidad juzgada en los demás, sin importar la intención de producir en la vida de uno mismo lo opuesto. Es por eso que si mientras crecía, si el niño fue tratado con injusticia y maldición y nunca fue bendecido por sus padres, él puede juzgar y aislarse de sus padres en su corazón.

Este hijo luego entra al matrimonio con una profunda imagen en su corazón que contiene cualidades negativas juzgadas en un padre. Por el principio de sembrar y cosechar (cada semilla produce una igual), esta imagen tiene el potencial de reproducir en la vida del hijo adulto las mismas cualidades que odió en su padre. O peor aún, un hijo adulto puede llegar a ver a su cónyuge a través de una imagen negativa del padre juzgado, creando una expectativa inconsciente de que el cónyuge se convertirá como su padre. Esta semilla de amargura en el corazón puede reproducir en el corazón del cónyuge las mismas cualidades juzgadas en un padre. Déjeme darle un ejemplo práctico.

LA SEMILLA SIEMPRE DA FRUTO
DE SU PROPIA CLASE

Supongamos que una mujer joven llamada Mary crece con un padre hipercrítico al que ella juzga. Entonces luego ella hace una promesa de que nunca se va a casar con alguien como su padre. Mientras tanto un hombre joven llamado Tom crece con una madre indisciplinada y obesa, a la que él juzga. Él hace luego una promesa de que nunca se va a casar con una mujer con sobrepeso como su madre.

Estas dos personas jóvenes se conocen y se casan. Tom es muy amable y receptivo, nada que ver con el padre de Mary. Mary tiene una hermosa figura, no como la madre de Tom, y es también una gran cocinera. Para tratar de bendecir a su esposo, Mary cocina riquísimas comidas todas las noches. Sin embargo, la comida que ella cocina es un poco pesada para ella, y ella engorda un par de libras. Como Tom todavía está atado al corazón de su madre, sin darse cuenta mira a Mary a través de la imagen de su madre. El poco peso que ella gana lo alarma, y el gentilmente la confronta sobre su figura. Mary, que todavía está atada al corazón de su papá, escucha las palabras de Tom a través de la imagen de su padre. Profundamente lastimada por la crítica de Tom, Mary reacciona con una respuesta muy emocional. Una seria discusión se forma mientras Tom continúa expresando su preocupación por el peso de Mary.

Estando bajo la presión adicional del criticismo de su esposo, Mary comienza a picar entre comidas y engorda otro par de libras. Tom, por supuesto, ahora está más preocupado aún y confronta a Mary otra vez, resultando en otra gran discusión emocional. Si Tim y Mary nunca se dan cuenta y se arrepienten de la forma en la que sus corazones siguen atados a sus padres a través del juicio y la amargura, su matrimonio pronto va a consistir de un esposo muy decepcionado y crítico y una esposa muy lastimada y con sobrepeso.

Mi familia una vez vivió cerca de una mujer que estaba por divorciarse de su tercer esposo. Cuando le pregunté una vez cual había sido su experiencia con los tres esposos, ella procedió a decirme que todos manifestaron el mismo tipo de adicción y disfuncionalidad que su padre tuvo. Le pregunté si estos hombres eran así antes de casarse. Ella me dijo que el primero tenía algunas de esas características, pero que ninguno de los otros se comportaron de esa manera antes de casarse con ella.

Le pregunté a esa mujer a que atribuía el haberse casado con tres hombres diferentes quienes demostraron las mismas cualidades negativas del carácter de su padre que ella odiaba. Mi vecina me respondió diciendo: "Me imagino que no sé elegirlos." Cuando escuché la historia quería preguntar: "¿Alguna vez pensó que tal vez sea usted quien cargue con la semilla? No importa en qué tierra la plante. Hasta que los reconozca y lidie con esto en su vida, la semilla del juicio y la amargura hacia su padre dará el mismo fruto todas las veces". Me di cuenta de que ella, desafortunadamente, no estaba lista para escuchar esta palabra.

¡IGUAL QUE MI MADRE!

Déjeme darle otro ejemplo más de una pareja por la cual oré hace varios años atrás. Un hombre al que llamaré Jim decidió distanciarse de su madre y logró reproducir en su esposa las mismas cualidades que odiaba en su madre. La esposa de Jim vino primero a mí buscando ayuda, diciendo que ella amaba a Jim profundamente, pero que estaba considerando el divorcio porque las circunstancias en su matrimonio habían hecho su vida intolerable. Ella dijo que Jim se rehusaba a tomar ningún tipo de responsabilidad en la casa. Ahora el banco estaba por embargar la casa, no porque no tuviesen suficiente dinero para pagar la hipoteca sino porque Jim "nunca estuvo" para hacer el pago.

Jim sabía que era su tarea pagar las cuentas, cuidar el patio, mantener los autos, limpiar los caminos en el invierno, y otras más, pero él nunca hizo ninguna de esas cosas. Como consecuencia, la esposa de Jim, de mala gana, tuvo que tomar todas esas responsabilidades y ahora estaba demasiado cansada y frustrada.

Me encontré con Jim la semana siguiente. Primero le pregunté cómo iba su matrimonio. Me respondió: "Oh, tenemos nuestros altibajos como todos, pero realmente nos amamos y tenemos un buen y estable matrimonio. No me puedo quejar de nada". Había bastante discrepancia entre la percepción de él y de ella del matrimonio. Jim estaba sorprendido cuando le dije que su esposa estaba considerando el divorcio.

Confronté a Jim acerca de su irresponsabilidad mencionada por su esposa. Reconoció que él se "desconectaba" casi todo el tiempo. Al principio, comencé a trabajar con Jim en el manejo del tiempo y a establecer metas, pero aunque traté, nunca pudo cumplir con sus responsabilidades en la casa. Comencé a entender la frustración de su esposa.

Luego me di cuenta de que había una raíz mucho más profunda. Después de que oramos juntos para pedirle al Señor que nos revelara la raíz de su problema, me sentí guiado a hacerle preguntas a Jim sobre su madre, y las respuestas comenzaron a venir. Jim era el menor de dos hijos. Su madre, claramente, favorecía a su hermana mayor y le expresó el mensaje de que él no podía hacer nada bien.

La madre de Jim quería evitarle el bochorno de cometer algún error, por lo que ella constantemente rehacía todo lo que él trataba de hacer para que estuviese "bien". Cuando le pedía a Jim que pusiera la mesa, siempre venía detrás de él y volvía a arreglar todo porque nunca estaba satisfecha como él lo hacía. Además, también le inculcó en él la creencia de que cometer un error era algo terrible que debía evitarse a toda costa.

Cada vez que la mamá de Jim rehacía una de sus tareas y le criticaba por el trabajo que había realizado, hería profundamente el corazón de Jim. Era una manera de maldecir su identidad y era emocionalmente doloroso. Le enseñé a Jim que desde una edad temprana él no podía hacer nada bien para satisfacer a su madre, así que la mejor manera de evitar ser criticado era no hacer nada para ella. Después de ese punto él era regañado por no hacer la tarea que le había sido dada, pero para Jim ese era un dolor menor que ser castigado por haberlo hecho "mal". Además, su madre vendría y lo haría como ella quería, así que la tarea se completaría.

Cuando Jim se casó, ¿qué clase de mujer cree usted que buscó? Correcto, una que era exactamente lo opuesto a su madre. Encontró a una maravillosa chica cristiana que ama a Jim tal como era, que nunca lo criticaba como su madre lo hizo. Claro que la esposa de Jim no cumplía con las expectativas de su madre, y ella le decía constantemente a Jim que se podría haber casado con alguien mejor. La madre de Jim nunca bendijo el matrimonio de ellos ni tampoco aceptaba a la esposa de Jim.

Entonces, Jim guardaba amargura hacia su madre por toda la maldición y criticismo. Sin Jim saberlo, esto creaba patrones de expectativa en su corazón lo cual lo tenía atado a su madre. Él esperaba que ella, y todas las mujeres por así decir, que eventualmente le criticaran y rechazaran, a pesar de que su esposa nunca lo trató así. Esto traía un caos en el matrimonio de Jim porque, con el tiempo, Jim comenzó a forzar a su esposa en los mismos roles que su madre había tenido.

Era el temor inconsciente de ser criticado que causaba que Jim abandonara todas sus responsabilidades domésticas. Como resultado, le había dado a su esposa tres malas opciones:

1. No hacer nada y ver cómo todo se deterioraba a su alrededor.
2. Continuar fastidiando a Jim para que hiciera las cosas, con poco éxito y gran frustración.
3. Darse por rendida y hacerlo ella misma.

Al principio, ella esperaba a que Jim hiciera lo que prometía. Pero después de un tiempo, en frustración, ella comenzó a criticar y a fastidiar a Jim así como su madre lo hacía. Eso hizo que Jim estuviese más determinado a evitar de hacer cualquier cosa por miedo a hacerlo mal y seguir siendo criticado. Con el tiempo, para alivio de Jim, su esposa escogió la tercera opción, de hacer las cosas ella misma. Él pensó que todo estaba bien, pero ella estaba frustrada al máximo. Jim había obligado a su esposa a que fuese su madre en vez de su cónyuge, reproduciendo de manera inadvertida el mismo patrón de criticismo y de maldición de identidad que él odiaba de su madre.

Hasta que Jim no pudiera perdonar a su madre por la maldición continua a su identidad y luego recibir la bendición por parte del Señor y su impartición de identidad y destino, él no estaría libre para poder volverse uno con su esposa y ser un marido apropiado para ella. Una vez que identificamos la raíz del problema de Jim, su atadura a su madre, Jim pudo librarse del juicio de la condena de su madre y del temor al fracaso. Para gran deleite de su esposa, Jim finalmente pudo convertirse en el marido responsable que Dios había diseñado que fuese. Muchos matrimonios como Jim y su esposa han encontrado gran sanidad cuando se dieron cuenta de que la raíz de sus dificultades maritales era que uno de ellos, o ambos, aún estaba atado al padre que no le había impartido su bendición.

RECHAZO A SOLTARSE MALDICE LA IDENTIDAD DE LOS HIJOS CASADOS

Otra manera potencial en la que los padres pueden maldecir la identidad de los hijos casados es no permitiéndoles que abandonen, emocionalmente, el hogar. A veces es muy difícil para los padres dejar ir a sus hijos casados y permitirles que se unan a su cónyuge. A pesar de que bendijeron el matrimonio del hijo y aceptaron al cónyuge, todavía quieren tomar decisiones por el hijo casado. Cuando esto ocurre, es muy importante para el hijo casado establecer límites sobre qué tipo de aportes está dispuesto a recibir de sus padres. También debe asegurarse de que su cónyuge sea la prioridad relacional, no sus padres.

Un padre, recientemente, me dijo de un encuentro que tuvo con su hija. Ella llamó a la casa una noche, llorando por una discusión que había tenido con su esposo. Los dos se habían dicho cosas que no quisieron decir y ahora la hija quería volver a su hogar. Este padre sabio le dijo: "Cariño, estás en tu hogar. Yo siempre te amaré, y siempre serás mi hija, pero tu hogar ya no es este aquí. Ahora tu hogar es con tu esposo". ¡Qué difícil que habrá sido para ese amoroso padre tener que decirle eso a su dolida hija! Sin embargo, el padre sabio entendía que su función era oír y confortar, pero luego guiar a su hija al Señor y de nuevo con su marido para que siguieran siendo "una sola carne" con él.

ESTRATEGIA DE ALIANZA FAMILIAR PARA ELEGIR UN COMPAÑERO DE MATRIMONIO

He hablado con muchos padres que están consternados con la persona que su hijo o hija se casó. También he hablado con muchas personas cuyos matrimonios han sido muy difíciles o que terminaron en el divorcio, y a menudo me dicen que sus padres no aprobaban su elección de cónyuge. Solo después de algo de experiencia en la vida, como a los cuarenta años, ven la sabiduría en la advertencia de sus padres. Por eso es tan importante para los padres estar involucrados en el proceso de seleccionar al cónyuge de su hijo adulto.

Como dice la vieja expresión, el amor es ciego. También puede ser sordo, tono y estúpido. Cuando están enceguecidos, el hijo enamorado tal vez no note las características negativas de la personalidad de la otra persona, patrones de pecados generacionales, o historial familiar que puede afectar un futuro matrimonio. Por esta razón, la persona joven necesita otro "par de ojos" claros y libres de cualquier apego romántico. Las personas primordiales que Dios ha puesto en las vidas de sus hijos para ver las cosas de manera más objetiva son los padres.

No estoy sugiriendo que volvamos a los matrimonios arreglados que eran comunes en la cultura hebrea bíblica. Sin embargo, creo que hay una manera para que los padres estén involucrados en el proceso de selección de cónyuge de su hijo sin que sea restringida a un matrimonio arreglado ni tampoco permisiva como nuestro sistema de citas amorosas en las que los padres tienen poco aporte. Creo que una estrategia más apropiada sería hacer una alianza entre los padres y los hijos de buscar a Dios, juntos, para discernir quién Él está enviando para que sea el cónyuge del hijo.

Al usar este principio de acuerdo, esta estrategia prepara al hijo para funcionar en acuerdo en el matrimonio. La mayoría de nosotros que hemos estado casados por un tiempo cometemos el error de tomar una decisión que nuestro cónyuge no aprobaba. En casi todas esas instancias en mi vida hubiese deseado haber oído a mi esposa. Descubrimos el principio del acuerdo temprano en nuestro matrimonio. Si solo uno de los dos pensaba que debíamos hacer algo en particular, descubrimos que era mejor que no actuáramos. Jan y yo descubrimos que cuando no estamos de acuerdo sobre una decisión, la mayoría de las veces esa era la voluntad de Dios.

Es sabio enseñarles a los hijos el principio del acuerdo cuando los estamos preparando para entrar en la etapa de hombría o femineidad. Durante nuestro tiempo de instrucción, podemos explicarles que podemos discernir mejor la voluntad de Dios acerca del futuro cónyuge cuando tanto padres e hijos están de acuerdo. Si solo uno de nosotros cree que alguien es el compañero/a enviado por Dios pero los demás no, hay una gran posibilidad de que ese no sea el plan de Dios. Sin embargo, cuando los padres y el hijo están de acuerdo en la persona, la voluntad de Dios seguramente se encuentra en el que estén de acuerdo.

Cuando una familia camina de esta manera, es muy fácil para los padres decirles a sus hijos adultos en el matrimonio que este mismo principio debe aplicarse en su relación con su cónyuge. También, hay poca probabilidad de que los padres no bendigan el matrimonio.

Para poder implementar esta estrategia de alianza, uno debe reconocer los cinco principios en las que se basa:

1. El propósito del matrimonio no es hacer a alguien "feliz" sino a ayudar al individuo a cumplir su destino en Cristo el cual puede cumplir mejor casado que no soltero.

2. Dios conoce mejor que nosotros con quién se debe casar nuestro hijo o nuestra hija, y Él presentará su elección para cónyuge en la vida de nuestro hijo, en el momento indicado.

3. El corazón y el cuerpo de nuestro hijo no le pertenece para entregarlo como le plazca; le perteneces a Dios y son para reservarse en pureza hasta el matrimonio.

4. La voluntad de Dios sobre el cónyuge se discierne mejor cuando hay acuerdo entre los padres y el hijo.

5. Tanto los padres como el hijo debes confiar de que Dios usará a ambas partes para revelar su voluntad, a pesar de sus fallas o debilidades respectivas. Esto engendra el mutuo respeto, honor y confianza en Dios.

Cuando los padres caminan junto a sus hijos para seleccionar un cónyuge, hay mayor posibilidad de que el hijo experimente un matrimonio exitoso y que cumpla, con su cónyuge, el propósito de Dios para su vida.

¿Qué tiene de malo el sistema actual de citas amorosas?

Algo, obviamente, está mal con un sistema que tiene un índice de fracaso de cincuenta por ciento, pero eso es lo que el sistema actual ha producido. Casi la mitad de todos matrimonios terminan en el divorcio.

Para aclarar, cuando uso la palabra "cita" estoy hablando de la estrategia que una persona joven emplea para pasar tiempo con una persona del sexo opuesto con la esperanza de desarrollar una relación de noviazgo. En esta relación de cita, las dos partes desarrollan, intencionalmente, un fuerte sentimiento romántico el uno por el otro. Ese sistema es insuficiente para manejar las relaciones románticas y, últimamente, para escoger un cónyuge. Déjeme explicar por qué.

Las citas amorosas invierten el plan de Dios.

Dios creó a la gente como seres trinitarios: espíritu, alma y cuerpo. El espíritu debe sujetarse a Dios, el alma (mente, voluntad, emociones) debe sujetarse al espíritu, y el cuerpo debe sujetarse al alma. En las citas amorosas, las personas primeramente, por lo general, se atraen físicamente, luego emocionalmente y luego, posiblemente, espiritualmente. Al enfocarse primeramente en lo físico, el orden de Dios se invierte. Por otro lado, una alianza divina permite que la persona joven y los padres puedan buscar a alguien, primeramente, con carácter cristiano, para luego considerar la atracción emocional y física.

Las citas amorosas se enfocan en la autosatisfacción.

El motivo inconsciente de las citas amorosas suena algo así: "Quiero alguien que se vea físicamente atractivo para "mí" y que "me" haga feliz, alguien con quien "yo" disfrute estar, que tengan intereses similares a los "míos". El enfoque está en satisfacer y complacer al ser. Por otro lado, la alianza divina hace que uno se enfoque en complacer al otro y en servirle. El motivo de la relación es el autosacrificio, no la autosatisfacción. La meta aquí es dejar el egoísmo de uno para servir al otro, no usar al otro para que uno se sienta feliz.

La idea es como una pulga en busca de un perro en vez de una pila recargable en busca de un celular. La meta de la pulga es "tomar" de la vida del perro. El trabajo de la batería es "darle" vida al celular. Cuando el perro ya no puede proveerle vida a la pulga, la pulga abandona al perro y busca otro. Cuando la batería se queda sin vida, vuelve al cargador (Jesucristo) para recibir más ida para así proveer más vida al teléfono.

Las citas amorosas no tienen términos a largo plazo.

El propósito principal de las citas amorosas es "divertirse". Cuando se acaba la diversión, la relación por lo general se termina. La alianza divina permite que el corazón vaya a un amor romántico solo con la persona con la que los dos padres y el hijo creen que es el cónyuge potencial enviado por Dios. La meta de la relación romántica es ir hacia el pacto del matrimonio.

Las citas, por lo general, dañan emocionalmente.

Cuando dos personas de quince años están saliendo de cita, por lo general no tienen la meta del matrimonio en mente. Solo quieren divertirse, pero sus corazones se funden en amor romántico por la duración de la relación. Esto es como pegar dos pedazos de papel. Cuando una persona no encuentra placer en la otra, la relación se rompe, pero los corazones no quedan igual que antes cuando se separan. Hay un desgarre y una ruptura que causa dolor emocional significante.

Cada pulga, quise decir cada joven, luego va en busca de otra novia u otro novio para aliviar el dolor emocional de la ruptura. Cada vez que una ruptura ocurre, la persona deja un pedazo de su corazón con ese individuo. Supongamos que esto ocurre cinco, ocho o diez veces antes del matrimonio. ¿Cuánto corazón le queda a esa persona para darle a su cónyuge? El corazón por lo general está tan lastimado que la persona necesita una sanidad emocional masiva para poder volver al lugar que Dios quiso que estuviese al comienzo del matrimonio. Si esa sanidad no ocurre, imagínese el caos que se desatará cuando ¡dos pulgas heridas se casan!

Por otro lado, la alianza divina busca tanto reservar el corazón y el cuerpo para ser entregados solo a la persona que Dios envía como pareja en el matrimonio. En esta estrategia, la gente joven pasa mucho tiempo en grupos, pero no salen como novio/novia ni entablan una relación romántica con personas con las que no tienen las intenciones de casarse. El compromiso de un hijo o hija en esta estrategia es preservar tanto el cuerpo como el corazón (emociones) en integridad y pureza para ser entregado solamente al la futura esposa o al futuro esposo.

Una mujer joven a la que llamaré Sarah me compartió una poderosa historia. Ella era una estudiante de secundaria que estaba saliendo regularmente con muchachos. Una noche salió en una cita a ver una película con un muchacho joven. Se besaron y abrasaron en el teatro, y no pensó mucho en esto hasta días más tarde cuando estaba leyendo Proverbios 31, que habla de la mujer virtuosa. Los versículos 10-12 le llamaron particularmente la atención.

Mujer virtuosa, ¿quién la hallará? Porque su estima sobrepasa largamente a la de las piedras preciosas. El corazón de su marido está en ella confiado, y no carecerá de ganancias. *Le da ella bien y no mal todos los días de su vida.*

—ÉNFASIS AÑADIDO

Sara le dijo al Señor: "Yo quiero ser una mujer virtuosa como dice aquí". Luego ella escuchó al Espíritu Santo preguntarle: "¿Entonces puede confiar en ti el corazón de tu esposo? ¿Le estás dando el bien y no el mal todos los días de tu vida?".

Ella respondió: "Señor, yo no tengo un esposo todavía. Solo tengo dieciséis años".

Entonces vino la siguiente pregunta: "¿Cuándo dice que debes darle el bien y no el mal?".

Sara leyó otra vez el versículo 12: "Todos los días de mi vida", meditó ella. "Me imagino que ya estoy en todos los días de mi vida".

"Sí", escuchó que el Señor le respondió. "¿Entonces le estás dando a tu esposo el bien y no el mal?".

"Señor, no lo sé. No se quien es mi esposo".

"Yo sí", le respondió el Señor. "¿El muchacho que fue contigo al cine era tu esposo?"

"Es un buen muchacho", dijo ella, "pero no creo que me case con él."

"¿Entonces no es tu esposo?" cuestionó el Señor.

"No, él no será mi esposo", respondió Sarah.

Entonces el Señor le dijo: "Así es como puedes darte cuenta si le estás dando el bien y no el mal a tu esposo. ¿Qué si el hombre que será tu esposo te hubiese acompañado a esa cita y hubiese observado tu comportamiento con el otro muchacho joven? ¿Cómo crees que él se sentiría?".

Interponiendo a su futuro esposo en la imagen de la cita de la semana pasada cambió el panorama completamente. "Sospecho que se hubiera sentido muy engañado y lastimado", respondió ella.

"¿Por qué?", preguntó el Señor.

"Porque le di a alguien otro lo que debería haber reservado para él", dijo ella. "Lo entiendo. Mis besos y mi corazón en realidad no me pertenecen. Te pertenecen a ti, Señor, para que tú lo guardes en confianza hasta el día de mi boda, cuando le entregue todo mi corazón y mi cuerpo a mi esposo".

Sarah se arrepintió de haber tratado a su cuerpo como si hubiese sido ella la que lo tenía que entregar. Ella recibió el perdón de Dios y escuchó que el Señor le dijo: "Tu corazón y tu cuerpo me pertenecen, pero tu padre es el agente humano al cual le encargué que guarde tu corazón y tu cuerpo hasta el día de tu boda. El día de tu boda tu padre le pasará la responsabilidad de protegerte a tu esposo".

Con esta revelación Sarah nunca más salió en otra cita. Un año y medio más tarde ella conoció al hombre que sería su esposo, y el día de su boda ella pudo presentarse ante él con un corazón sano, íntegro y puro. Si quiere ver el fruto de este tipo de compromiso, puede ver este corto video de una novia el día de su boda devolviéndole a su padre el anillo de pureza que él le entregó a ella el día que la bendijo en su pubertad y la soltó para convertirse en una mujer: www.familyfoundations.com.

El noviazgo es una buena preparación para el divorcio.

Escuché a algunas personas decir que ellos pensaron que el noviazgo era una buena preparación para el matrimonio. ¿Así que la idea es que una relación sin un objetivo a largo plazo, basada en una atracción física y arraigada en satisfacción para uno mismo, y que se acaba tan pronto cuando una de las personas ya no se sienta mas satisfecha es una buena preparación para el matrimonio? ¡No creo que sea así! Esta en una excelente preparación para el divorcio. Este sistema no les enseña nada a las personas jóvenes sobre el matrimonio, el cual es un compromiso para toda la vida al propósito de Dios a través del amor incondicional, sacrificante y de alianza. Un compromiso de integridad es una mejor preparación para el matrimonio. Le ayuda a aprender a los jóvenes a negarse a sí mismos y a buscar bendecir a otros primero.

El noviazgo deja a mujeres virtuosas teniendo que esquivar y ahuyentar a jóvenes lujuriosos.

Dios nunca diseñó a una mujer para que haga esto. Dios le asignó al padre el trabajo de proteger el corazón de su hija y su virginidad.

Cuando un padre no está involucrado, la hija debe hacer esto por sí misma. Lamentablemente, como Dios no diseñó a la mujer para que haga esto, ella debe endurecer su corazón para poder seguir diciendo continuamente: "¡NO, NO, NO, NO, NO!". ¿Usted cree que la disposición de una mujer de protegerse a sí misma emocional y sexualmente desaparece instantáneamente en la noche de su boda? ¡Por supuesto que no! Esto puede afectar negativamente su relación sexual y emocional en el matrimonio por años.

El compromiso de integridad, por otro lado, implica que el padre proteja a su hija. Él es la puerta por la cual cualquier muchacho debe pasar. En esta estrategia la hija tiene a su padre investigando a cualquier hombre joven que tenga interés en ella. El padre luego va a otorgarle o negarle el acceso al joven muchacho al tiempo o al corazón de su hija. Como ella no tiene que endurecer su corazón y rechazarlo a él ella misma, su corazón puede ser blando y vulnerable cuando se lo entrega a su esposo en matrimonio.

El noviazgo generalmente no involucra el consejo y el acuerdo de los padres.

Como lo mencioné anteriormente, las personas jóvenes están cegadas a las potenciales cualidades negativas de la persona en la cual tiene un interés romántico. Tienen que buscar el beneficio de otro par de ojos objetivos, lo cual los padres pueden ofrecer. Parte de la consecuencia de esta ceguera es el índice divorcio de casi el 50 por ciento que tenemos en la mayoría de los países occidentales. Por el contrario, el compromiso tiene la ventaja de la percepción de los padres. Esta estrategia permite que el interés romántico se desarrolle entre las dos partes solamente si los padres y el hijo están de acuerdo. Los hijos se comprometen por adelantado a no darle sus corazones a nadie hasta que ellos y sus padres estén de acuerdo de que ese individuo es el compañero potencial de matrimonio enviado por Dios.

El noviazgo resulta en más matrimonios que los padres eligen no bendecir.

Los hijos que se crían en el sistema del noviazgo generalmente no le preguntan a los padres antes de entrar en una relación romántica. Usualmente solamente anuncian su intención de casarse. En ese momento es muy tarde para que los padres tengan un aporte válido. Como consecuencia los padres son puestos en la incómoda posición de tener que bendecir algo que ellos no aprueban. En contraste, el compromiso de integridad involucra a los padres antes de que comience la relación romántica. En esta estrategia hay una gran probabilidad de que los padres bendigan el matrimonio, especialmente cuando es implementado desde el momento de la bendición en la pubertad.

Le sugiero que considere enseñarles a sus hijos la estrategia de compromiso para manejar los intereses románticos y las potenciales relaciones de matrimonio desde la pubertad. Esto asegurará una gran probabilidad de que usted podrá bendecir a sus hijos cuando se casen.

¿QUÉ SI MI HIJO QUIERE CASARSE CON ALGUIEN QUE YO NO APRUEBO?

Padres con el corazón roto me han preguntado frecuentemente que hacer cuando su hijo adulto anuncia los planes de casarse con alguien que ellos creen que no es la persona correcta para él. Se preguntan si deben bendecir el matrimonio aunque ellos desaprueben la elección de su hijo. Yo creo que la bendición de los padres es tan poderosa para facilitar un matrimonio exitoso que yo recomiendo bendecir la unión si no es moralmente incorrecta o una violación a su consciencia.

Sin embargo, yo creo que a los padres les incumbe decirle a su hijo adulto por qué ellos creen que él no debe casarse con la persona que él eligió. Luego de compartir sus preocupaciones, los padres deben dejar que su hijo haga su elección sin manipulación o control. Si el elige casarse, entonces yo creo que es mejor para los padres bendecir y recibir la elección del cónyuge de su hijo.

Esta es la advertencia: "si no es inmoral o una violación a la consciencia de los padres". Si el hijo elije entrar en un matrimonio del mismo sexo, incestuoso, adúltero o polígamo, entonces no será posible para mí como padre poder bendecir o asistir a la ceremonia. Ese tipo de matrimonio no solo que no es sabio o de mal gusto sino también moralmente malo. Como padre usted puede bendecir a un hijo o una hija que está tomando una decisión no sabia o una decisión con la cual usted no está de acuerdo. Pero usted no puede violar sus convicciones morales y bendecir la decisión pecaminosa o inmoral de su hijo.

Conozco una pareja a los cuales llamaré Sam y Sharon. Se estaban enfrentando con este mismo dilema con su hijo John. Cuando John estaba en su último año de la secundaria, él tuvo una relación adúltera con la esposa de su pastor de jóvenes. Ellos terminaron la relación poco tiempo después de que se descubriera, y John eventualmente se fue a pasar un año fuera de la ciudad. Sin embargo, cuando volvió a la ciudad, la esposa del pastor de jóvenes se divorció y comenzó a salir con John. Sam y Sharon estaban pasmados, y le aconsejaron a su hijo que terminara la relación.

Él se rehusó a hacerlo, y un poco de tiempo después anunció que se iba a casar con esta mujer. Él quería que sus padres asistieran a la boda, pero Sam y Sharon estaban muy confundidos. Ellos amaban a su hijo, pero estaban convencidos de que el matrimonio de John con la exesposa del pastor de jóvenes sería adulterio de acuerdo a Marcos 10:12 y Lucas 16:18. Luego de mucha oración y noches en velo, Sam y Sharon llegaron a la conclusión de que no podían bendecir el matrimonio de John ni asistir a la ceremonia que celebraba su adulterio.

Se le rompió el corazón a Sam cuando le dio la noticia a su hijo, pero él y Sharon no podían violar su propia consciencia. Sam le dejó en claro a John que él y Sharon lo amaban profundamente y lo aceptaban como su hijo sin importar las decisiones que él tomara, pero que no podían asistir a su boda. Sam y Sharon continuaron teniendo una relación con John. Luego como dos años más tarde John fue a ver a su padre para pedirle consejo durante un tiempo muy difícil en su matrimonio. En esa reunión John le agradeció a su padre por haber sostenido lo que él creía aunque corría el riesgo de arruinar su relación, y por continuar amándolo y aceptándolo sin importar sus decisiones. John admitió que sus padres tuvieron la razón todo el tiempo. Él ahora vio sus decisiones desde la perspectiva de Dios y estaba humillado y arrepentido.

En el caso de Sam y Sharon, el no asistir a la boda y no violar su consciencia fue la mejor manera de ministrar a su hijo en ese momento. Sin embargo, si un matrimonio no es inmoral, luego de haber compartido amablemente sus preocupaciones con su hijo adulto, es mejor que usted bendiga la elección de su hijo, aunque usted no esté de acuerdo con esta, que guardarse su bendición. Si el matrimonio es inmoral, usted no puede bendecir la unión o a su hijo y así mantener una consciencia limpia ante Dios.

Las medidas protectoras de Dios en la antigua cultura hebrea

Como en todos los tiempos críticos anteriores de bendición, Dios estableció prácticas en la cultura hebrea antigua para asegurarse de que casi todo hijo recibiera la bendición de sus padres cuando se casara. Cuatro tradiciones y normas sociales resaltan en particular:

1. Los matrimonios eran principalmente arreglados por los dos pares de padres y por lo tanto eran siempre bendecidos.
2. Todos en la sociedad consideraban el matrimonio un pacto para toda la vida, y el sexo fuera del matrimonio era una ofensa capital.
3. El padre era "la puerta" a la vida y al corazón de su hija; por lo tanto ella no se tenía que proteger a sí misma de los hombres lujuriosos.
4. Los padres les enseñaban a sus hijos a proteger, honrar y respetar a las mujeres, y la sociedad reforzaba tales actitudes.

Por tan feo que suene un matrimonio arreglado en nuestras mentes occidentales hoy en día, yo creo que Dios implementó esta estrategia en la cultura bíblica hebrea porque era muy importante para Él que cada matrimonio sea bendecido por los padres. Recuerde, un significado de "bendecir" es "de dar poder para prosperar". Yo creo que Dios quería asegurarse de que cada matrimonio fuese fortalecido para prosperar.

En la antigua cultura hebrea era raro, y prácticamente nadie cohabitaba. Un hombre honrado nunca se acercaría directamente a una mujer joven si estaba interesado en ella; él se acercaría al padre porque el papá era la puerta que él tenía que pasar para simplemente hablar con la hija. Aún en nuestra cultura occidental los padres cumplieron este rol hasta el cambio del siglo veinte. En los 1800 era todavía común que un pretendiente primero se acercara al padre de la muchacha antes de cortejarla a ella. Esto la protegía a ella de pretendientes inapropiados y hombres lujuriosos.

A causa de estas cuatro prácticas protectoras, prácticamente todos los matrimonios y los cónyuges en la antigua cultura hebrea eran bendecidos por los dos pares de padres. Lamentablemente, como estas prácticas han sido bastante abandonadas hoy en día, hay una gran probabilidad de que un matrimonio no sea bendecido o que sea hasta maldecido por los padres y por lo tanto despojándolo del derecho a la prosperidad.

LA CAJA DE HERRAMIENTAS DE LA BENDICIÓN

En la siguiente sección miraremos algunas acciones específicas que usted puede tomar y oraciones que usted puede orar sobre sus hijos para ayudarlos a establecer una cultura de bendición a la hora del matrimonio.

PASOS A SEGUIR

1. Como padres, abracen le estrategia de un compromiso de integridad en vez del noviazgo para la dirección de las relaciones románticas y la selección del cónyuge.
2. Enséñeles a sus hijos esta estrategia de compromiso de integridad en el momento de la pubertad y camine con ellos con una relación a través de los años de la adolescencia.

ORACIONES REMEDIALES PARA ROMPER LA MALDICIÓN

Si usted no aprobó el matrimonio de su hijo(a) adulto(a) y dijo palabras para maldecir el matrimonio

1. Arrepiéntase de haber sido el agente del diablo para hablar su mensaje en la vida de su hijo(a).
Usted puede orar algo así:

Padre, hoy reconozco que yo fui un agente del diablo para enviarle a mi hijo(a) el mensaje de identidad de Satanás para su matrimonio. Señor, dije palabras de muerte en vez de palabras de vida sobre el matrimonio de [el nombre de su hijo(a)]. *Hoy renuncio al pecado de maldecir la identidad y el matrimonio de mi hijo(a). Me arrepiento de haberlo hecho y me alejo completamente de esto. No puedo pagar por esto, pero reconozco que Jesucristo murió para pagar por mi pecado. Hoy recibo la sangre de Jesús para pagar por mi maldición sobre la identidad y el matrimonio de mi hijo(a), y como Jesús pagó por este pecado, hoy recibo tú perdón. Padre, porque tú me has perdonado, hoy me perdono a mí mismo por maldecir el matrimonio de mi hijo(a).*

2. Reúnase con su hijo(a) y admita que usted no bendijo su matrimonio y pídale perdón.

Yo sugiero que si los dos padres estén disponibles, que lo hagan juntos. Si no, hágalo solo. Es importante que usted elija sus propias palabras, pero tal vez quiera decir algo así: "Ahora nos damos cuenta que Dios nos llamó como padres a bendecir tu matrimonio. No lo hicimos. En vez de esto hablamos palabras de muerte sobre tu matrimonio. Dios nos mostró que haciendo esto hemos pecado contra ti. ¿Puedes encontrar en tu corazón lugar para perdonarnos? [Espere una respuesta.] Si nos permites, queremos bendecir ahora tu matrimonio."

3. Ahora bendiga a su hijo(a), esposa(o) y su matrimonio.

Le sugiero que ore sobre su hijo(a) y su cónyuge juntos. Puede orar algo así:

Padre, en este día aceptamos el matrimonio de [el nombre de su hijo(a)] *y* [el nombre del cónyuge de su hijo(a)]. *Bendecimos este matrimonio y declaramos prosperidad sobre su matrimonio y sobre cada área de sus vidas juntos. Que puedan cumplir con el destino que Dios le dio como pareja y que puedan encontrar satisfacción al lograr su propósito juntos. Declaramos que* [el nombre de su hijo(a)] *es un(a) increíble esposo/esposa y que será usado por Dios para bendecir a su esposa/esposo. Declaramos prosperidad en la relación del uno con el otro. Declaramos que los dos perdonarán rápido y se bendecirán el uno al otro. Que prosperen en su salud física. Que el fruto de tu vientre prospere. Sus hijos amarán a Dios con todo su corazón. Bendecimos su trabajo y sus finanzas y declaramos prosperidad financiera. Encontrarán gran favor con su empleador y sus amigos. Este día te dejamos libre para que dejes a tu padre y a tu madre espiritual y emocionalmenté y te unas a tu cónyuge para convertirte en una sola carne en Cristo. Te amamos, y en este día te bendecimos. Bendecimos a* [el nombre del cónyuge de su hijo(a)], *bendecimos tu matrimonio y te dejamos libre para que cumplan lo que Dios los llamó a hacer como pareja, en el poderoso nombre de Jesucristo. Amén.*

Si se da cuenta de que no soltó a su hijo o hija emocionalmente

1. Arrepiéntase delante de Dios por no soltar a su hijo o hija.

Tal vez quiera orar algo así:

Padre, hoy reconozco de que no solté emocionalmente a mi hijo(a) para que se una a su esposa(o). Reconozco que esto a entorpecido para que pueda convertirse correctamente en uno con su esposa(o). Hoy me arrepiento de haber mantenido a [el nombre de su hijo(a)] *en un cautiverio emocional y espiritual conmigo. Te pido que me perdones por no haberlo(a) soltado antes. Ahora mismo, en el nombre de Jesucristo, dejo que* [el nombre de su hijo(a)] *me deje espiritual y emocionalmente y se una a su esposa(a). Bendigo el matrimonio de* [el nombre de su hijo(a)] *y declaro que estos dos se convertirán en una sola carne y prosperarán en el nombre de Jesús, amén.*

2. Reúnase con su hijo(a) y pídale que lo perdone.

Otra vez, yo sugiero que si los dos padres están disponibles que lo hagan juntos. Si no, hágalo solo. Es importante que usted elija sus propias palabras, pero tal vez quiera decir algo así: "Ahora nos damos cuenta de que no te hemos soltado espiritual y emocionalmente para que te unas a tu esposa/esposo. ¿Nos perdonas? [Espere una respuesta.] Queremos ahora soltarte y bendecirte para que te unas a tu esposa/esposo".

3. Bendiga a su hijo(a) y a su cónyuge ahora y su matrimonio juntos.

Tal vez quiera dar una bendición sobre sus hijos casados como la que está más arriba.

ORACIONES PREVENTIVAS PARA DESATAR LA BENDICIÓN

Bendiga a su hijo(a) el día de su matrimonio para dejarlo ir para que se una a su esposa(o) y para bendecir su matrimonio. Tal vez quiera orar algo así sobre su hijo:

[El nombre de su hijo(a)], *hoy en el día de tu boda estamos tan orgullosos de ti. Dios te ha preparado para este día y para tu vida como un hombre/mujer casado(a). Tienes todo lo que necesitas para ser un increíble esposo/esposa. Hoy, como tus padres, te dejamos ir espiritual y emocionalmente y te bendecimos para que te unas a* [el nombre del cónyuge de su hijo(a)], *para comenzar una nueva familia y convertirse en una sola carne en Cristo. Prometemos estar contigo y pelear por tu pacto de matrimonio todos los días de tu vida. Oramos las más ricas bendiciones de Dios sobre sus vidas juntos.*

Para una hija, usted tal vez desee dirigirse al novio y entregarle a su hija a él como su esposa. El padre también quiera decir: "Te he protegido y cubierto a [el nombre de su hija] en autoridad espiritual toda su vida hasta el día de hoy. Hoy, te entrego esta responsabilidad a ti. Te hacemos cargo de amar a [el nombre de su hija], quererla, protegerla, y proveerle como Cristo hace por Su novia, la iglesia. Prometemos orar por ti y tu matrimonio regularmente. Estamos felices de recibirte en nuestra familia y de llamarte nuestro yerno".

El padre también puede querer afirmar a su hijo y decirle: "Hijo, en el día de tu boda estamos orgullosos de llamarte nuestro hijo. Estás preparado de todas las maneras para ser un gran esposo, para guiar a tu familia espiritual, emocional y financieramente. Estamos seguros de que tendrás éxito y prosperarás como esposo, padre y hombre".

Después tal vez quiera declarar la siguiente bendición sobre su hijo(a) y su futuro cónyuge:

Bendecimos tu matrimonio y declaramos que prosperarás en cada área de sus vidas juntos. Que puedan cumplir con el destino que Dios le dio como pareja y que puedan encontrar satisfacción al lograr su propósito juntos. Declaramos que serás usado por Dios para bendecir a su esposa/esposo. Declaramos prosperidad en la relación del uno con el otro. Declaramos que los dos perdonarán rápido y se bendecirán el uno al otro.

Que prosperen en su salud física. Que el fruto de tu vientre prospere. Sus hijos amarán a Dios con todo su corazón. Bendecimos su trabajo y sus finanzas y declaramos prosperidad financiera. Encontrarán gran favor con su empleador y sus amigos. Te amamos, y en este día te bendecimos. Bendecimos a [el nombre del cónyuge de su hijo(a)], bendecimos tu matrimonio y te dejamos libre para que cumplan lo que Dios los llamó a hacer como pareja, en el poderoso nombre de Jesucristo. Amén.

Capítulo 10

BENDECIR A SUS PADRES EN LA EDAD ANCIANA

EN LA SÉPTIMA etapa crítica de bendición los roles familiares se revierten. En las primeras seis etapas de la vida los padres bendicen a sus hijos, pero en la séptima etapa los hijos bendicen a sus padres. Proverbios 31:28 dice que los hijos de la mujer virtuosa "se levantan...y la llaman bienaventurada". Esto así completa el ciclo de la bendición. Luego que los padres bendijeron a sus hijos en las primeras seis etapas de la vida, es natural que los hijos quieran bendecir a sus padres en la edad anciana.

Así como cada hijo o hija anhelan escuchar un padre decir: "Te amo y estoy orgulloso(a) de ti", también cada padre anhela escuchar palabras similares de sus hijos adultos. En el capítulo 1 mencioné que la palabra griega para "bendición" es *eulogia*, de la cual se deriva la palabra *elogio*. Lamentablemente, la única vez que la mayoría de los hijos adultos hablan palabras poderosas de bendición sobre sus padres es después que fallecieron. Estas palabras de bendición dichas en un funeral pueden ser de beneficio para los otros miembros de la familia pero no para el padre. Los padres necesitan escuchar palabras de bendición por parte de sus hijos mientras todavía viven, para que Dios pueda usar al hijo para ayudar a responder las preguntas claves del corazón de sus padres.

Mi madre falleció recientemente a la edad de ochenta y seis. En su velatorio pude leer la misma bendición que le había dado a ella quince años atrás cuando elegí bendecir públicamente a mis padres en una de nuestras conferencias anuales internacional de "Fundamentos Familiares". Estaba contento de haber podido asistir al velatorio de mi madre sin lamentos en mi corazón, sabiendo que había dicho todo lo que quería decir y había completado el ciclo de la bendición mientras ella estaba viva.

Varios años atrás asistí a una fiesta que mi amigo Paul había organizado para celebrar el cincuenta aniversario de sus padres. Paul había sido bastante sinvergüenza la mayor parte de su vida adulta y en la mitad de los cuarenta entregó su vida a Cristo. Por consiguiente sus padres estaban muy sorprendidos cuando Paul dijo que quería organizar una fiesta en su honor en sus bodas de oro. Luego que compartí con Paul el poder de la bendición, él decidió leer una bendición escrita a sus padres en la fiesta. Paul le había hablado también a su hermano sobre el concepto de la bendición y lo había convencido de escribir y leer una bendición también.

Siendo un hombre bastante rico, Paul no escatimó nada para celebrar a sus padres. Como sus padres eran de descendencia alemana, Paul alquiló el salón de un hotel, contrató una banda alemana de polca, y proveyó una cena buffet para doscientos amigos de sus padres. Luego que todos los invitados comieron, bailaron y hablaron por un rato, Paul y su hermano tomaron el micrófono y anunciaron que tenían algo que decirles a sus padres. Cada hijo leyó la bendición que habían escrito como tributo a la vida y el matrimonio de sus padres.

Miré la cara de los invitados mientras Paul leía su bendición a sus padres. La mayoría tenían lágrimas corriendo por sus mejillas, y podía ver que cada uno anhelaba recibir una bendición similar por parte de sus propios hijos. Luego que Paul terminó de hablar, pude oír a varios invitados decirle a los padres de Paul: "¡Tienes mucha suerte de tener un hijo así! Debes estar muy orgulloso de él."

Ver esta respuesta me hizo ver otra vez el poder de la bendición. Esto es algo que Dios designó que cada padre anciano reciba de sus hijos adultos. Lamentablemente, como la mayoría de los padres no bendijeron a sus hijos en las primeras seis etapas de la vida, no se les ocurre a los hijos bendecir a sus padres. Si su padre o madre todavía viven, usted puede cambiar ese ciclo en su generación bendiciéndolos.

Modelo clave

Los hijos son las personas claves que Dios usa para impartir su mensaje de bendición en los corazones de sus padres. Los hijos adultos pueden enviar un mensaje poderoso de bendición o maldición a sus padres ancianos a través de sus actitudes y acciones.

Pregunta clave a responderse

Las preguntas claves en el corazón de un padre anciano que tanto Dios como Satanás van a responder son: *¿Todavía me necesitan? ¿Acaso he logrado algo edificante en mi vida?* Yo creo que hay tres actitudes que los hijos pueden mostrar que bendecirán y le mostrarán valor a sus padres ancianos. Estos son *aceptación, admiración* y *apreciación.*

Satanás quiere usar a los hijos adultos para decirles a sus padres ancianos que no tienen valor y que son rechazados. Él quiere que ellos escuchen: "Ya no te necesitan". "Haz vivido más que lo que sirves ahora y estás gastando comida, aire y agua en el planeta". "No has logrado nada en tu vida." "Nadie te aprecia, y nadie te va a decir gracias porque tu vida no significó nada".

El mensaje de Dios, por supuesto, que es lo opuesto. Él quiere usar a los hijos adultos para decirles a sus padres mayores, "Gracias por todo lo que hicieron en toda su vida para ayudarme a tener éxito y prosperar. Reconozco que diste mucho tiempo, dinero y energía para sembrar en mi vida. Tú eres el más increíble papá/mamá que alguien puede tener. Te admiro tanto por lo que lograste en tu vida. Todavía necesitamos desesperadamente tu consejo y sabiduría en nuestras vidas. Queremos que nuestros hijos te conozcan y puedan recibir tu amor y sabiduría".

Bendecir y maldecir a los padres

Aunque los padres hayan cometido errores en su vida, Dios quiere usar a sus hijos adultos para impartir su mensaje de identidad y destino en sus corazones cuando son ancianos. No importa si sus padres tenían el conocimiento o inclinación de bendecirle cuando estaba creciendo, para poder honrar al Señor y romper el ciclo de la maldición, es importante que usted bendiga a sus padres cuando sean ancianos. Miremos que incluye bendecir y maldecir a los padres.

Bendecir a los padres en la edad anciana puede conllevar lo siguiente:
1. Los hijos escriben un tributo a cada padre expresando gratitud y respeto y eligiendo un momento significativo para leerlo y presentarlo a sus padres.

2. Los hijos le dan a sus padres un lugar de verdadero respeto y honor en sus corazones y expresando el mensaje de Dios de que los padres todavía son necesitados y que tiene valor en la vida de sus hijos.
3. Los hijos expresando honor y respeto a sus padres en la presencia de sus propios hijos y enseñando a los nietos a valorar y honrar a sus abuelos.
4. Los hijos apoyando a sus padres espiritual y emocionalmente a través de la oración, las visitas y la comunicación regular.

Maldecir a los padres en la edad anciana puede involucrar
1. Que los hijos nunca escriban una bendición a sus padres y en vez de eso que critiquen, humillen o expresen ingratitud a sus padres.
2. Los hijos no dándoles un lugar de respeto en sus corazones y expresando el mensaje del diablo que los padres ya no son necesitados ni valorados.
3. Los hijos ridiculizando y faltándoles el respeto a sus padres en presencia de sus propios hijos y enseñando a sus hijos que las personas ancianas no tienen valor.
4. Los hijos dejan de lado a sus padres y no los visitan o se comunican con ellos.

CONSECUENCIAS POTENCIALES DE LA BENDICIÓN Y LA MALDICIÓN

Cuando los hijos fallan en bendecir a sus padres, tanto los padres como los hijos pueden ser robados de disfrutar una rica amistad como mutuos adultos. Uno de los mayores placeres en la vida familiar es que los padres ancianos sean amigos con sus hijos adultos y que puedan impartir sobre las vidas de sus nietos. Sin embargo, si los hijos adultos guardan resentimientos o amarguras hacia sus padres, tanto los padres como los hijos son robados de la amistad que Dios diseñó.

Además, la bendición de un hijo adulto puede abrir el corazón de un padre que no es salvo al Señor. Algunos hijos adultos me han dicho que sería difícil para ellos poder bendecir a sus padres porque sus padres son tercos y seguramente no recibirían la bendición. Sin embargo, hemos descubierto que la bendición abre el corazón, mientras que la maldición lo cierra. A menudo, la razón por la que las personas cierran sus corazones es porque su identidad fue maldecida y sus emociones fueron lastimadas en algún momento del pasado. Muchos hijos adultos se sorprendieron al ver que sus padres respondieron de manera positiva cuando compartían el deseo de bendecirles públicamente.

También he oído a muchos hijos adultos decir que les habían presentado el evangelio a sus padres por muchos años, que parecía no tener efecto. Pero que cuando les presentaron a sus padres una carta formal de bendición, sus padres comenzaron a preguntarles acerca del Señor. Algunos reportaron que hasta padres enojados, amargados y malhumorados que no habían sido buenos ejemplos se abrieron y aceptaron a Cristo en respuesta al honor y la bendición que sus hijos le daban.

Por lo tanto, una poderosa consecuencia de la bendición es que puede abrir el corazón de un padre que no es salvo al Señor. Por otro lado, una consecuencia de no bendecir al padre de uno es que puede mantenerse cerrado al evangelio. Esta es una consecuencia potencial muy seria y vale la pena considerarla si es que usted desea o no bendecir a sus padres.

Otra consecuencia potencial es que los hijos que no bendicen a sus padres tal vez nunca sean bendecidos por sus padres. Recuerde que la bendición paternal fortalece a uno para prosperar en la vida adulta. Cuando la gente entiende que los padres tienen la llave para desatar el poder para que los hijos prosperen, a menudo quieren que sus padres los bendigan. Una de las maneras más poderosas para recibir bendición de parte de sus padres, es bendiciendo primero. Cuando una persona recibe bendición, una de las respuestas más naturales es que ellos le respondan con otra bendición. Muchos hijos adultos que han decidido bendecir a sus padres, subsecuentemente, reportaron que poco tiempo después, incluso hasta ese mismo día, los padres le preguntaron si podían responderles con una bendición.

Los hijos que se rehúsan bendecir a sus padres pueden tener resentimiento y amargura hacia su padre o madre y, por ende, deshonrar a sus padres con su actitud. Otra vez, Deuteronomio 5:16 dice que cuando usted deshonra a sus padres, su vida será más corta y las cosas no le irán bien, usted no prosperará, en la tierra que el Señor su Dios le da.

Algunos hijos adultos luchan a la hora de bendecir a sus padres porque sus padres abusaron de ellos o le maldijeron. Sin embargo, el versículo en Deuteronomio no exime a los hijos de bendecir a sus padres.

No dice, "honra a tu padre y a tu madre a no ser que, por supuesto, te hayan abusado, maltratado, o abandonado, o tratado con gran injusticia." Dice, simplemente, "honra a tu padre y a tu madre". Punto. Las consecuencias de honrar o deshonrar a un padre son descalificadas y directamente correlacionadas con la elección de un hijo o una hija, no con el comportamiento del padre.

La pregunta puede surgir sobre cómo bendecir a un padre que le abusó o maltrató. Otra vez, la clave es separar la identidad del comportamiento. De esta forma usted puede aceptar y honrar a la persona mientras rechaza y odia el comportamiento. Si usted fusiona la identidad y el comportamiento en su mente, usted caerá en uno de dos hoyos. En su intento por odiar y rechazar al pecado, usted odiará, deshonrará y rechazará a la persona que peca. O en su intento por amar y aceptar a la persona que peca, usted amará o aceptará también al pecado.

Dios siempre separa a la persona (identidad) del pecado (comportamiento). De esta forma Dios puede evitar ambos hoyos y amar, aceptar, e incluso morir por el pecador que no se arrepiente (Romanos 5:7-8) mientras que odia y rechaza al pecado. Este principio es la base del perdón. No es posible perdonar a un pecador que no se arrepiente, a no ser que uno pueda separar la identidad del comportamiento y odiar el pecado mientras honra al pecador.

Es por esto que la consecuencia por honrar o deshonrar a los padres, en Deuteronomio 5:16, no califica. Honrar a un padre no depende del comportamiento del padre sino de la habilidad del hijo para perdonar. Satanás comprende este principio muy bien y trabaja muy duro para asegurarse de que los hijos abusados nunca perdonen a sus padres, sino que les deshonren guardando resentimiento y amargura. Esta deshonra le da a Satanás la autoridad para imponer la consecuencia declarada en Deuteronomio; que sus vidas serían acortadas y que no les iría bien.

Si usted ha luchado para tratar de perdonar a sus padres, le sugiero que reciba la sanidad del Señor. En nuestros eventos de Bendición de Generaciones hemos visto a muchas personas sanadas del daño emocional y de las mentiras que resultaron del abuso, del trato injusto, o de la falta de bendición en cualquiera de las seis etapas críticas en la vida.

Los ministros capacitados llevan a la gente por el proceso de perdonar a sus padres y recibir la bendición de Dios que ellos nunca recibieron de sus padres terrenales. Como resultado, ellos pueden honrar a su padre y a su madre y convertirse en el agente de Dios para bendecirles en sus años de anciano.

MEDIDAS PROTECTORAS DE DIOS EN LA ANTIGUA CULTURA HEBREA

Otra vez vemos que en la antigua cultura hebrea Dios hizo muy difícil que los padres no fuesen bendecidos por sus hijos adultos cuando eran ancianos. Dios puso las dos siguientes medidas en esa sociedad para asegurar la bendición y el honor de los padres ancianos.

1. En general las personas ancianas y en particular los padres eran tenidos en alta estima y tratados con gran respeto.
2. Los hijos adultos tenían un deseo natural de honrar y bendecir sus padres cuando los padres los habían bendecido a ellos en las primeras seis etapas de la vida.

En la cultura hebrea antigua las personas ancianas eran consideradas almacenes de sabiduría y experiencia para ser valorados y respetados (Proverbios 16:31; 20:29). Jesús también habló en Marcos 7 sobre la responsabilidad de los hijos adultos de honrar a sus padres proveyéndoles financieramente en su ancianidad (Marcos 7:9-12).

Por el contario, la cultura occidental moderna ha perdido el respeto por las personas mayores. Muchos son ridiculizados y avergonzados. Los padres frecuentemente hablan en términos despreciativos sobre sus padres mayores en presencia de sus hijos, enseñándoles por lo tanto a sus hijos que los ancianos no tienen valor y no se merecen el honor. Para reestablecer una cultura de bendición, es importante para nosotros como padres que les enseñemos a nuestros hijos a respetar y honrar a nuestros ancianos.

No estoy al tanto de ninguna ceremonia específica para bendecir a los padres mayores en la antigua cultura hebrea. Yo creo que la bendición y el honor a los padres era una parte natural de la vida cotidiana en las familias en esa época. Yo creo que es apropiado marcar la ceremonia de bendición a los padres mayores de manera tangible, algo así como lo que hizo mi amigo Paul en el aniversario de las bodas de oro de sus padres. Sin embargo, nos irá bien si abrazamos un estilo de vida de honor y apoyo hacia los padres ancianos en nuestra cultura.

LA CAJA DE HERRAMIENTAS DE LA BENDICIÓN

La acción clave es escribir una bendición para cada uno de sus padres que todavía vive y encontrar un tiempo significativo para entregársela a cada uno de ellos. Esto ayudará a establecer una cultura de bendición en su familia.

Hay un gran poder en la declaración pública. En el capítulo 8 escribí sobre el poder de una ceremonia pública y de la bendición del padre para dejar que el niño sea un hombre y la niña una mujer. Así como perdimos el valor de la ceremonia en nuestra cultura moderna, creo que también perdimos el valor de la declaración pública. Una proclamación pública no solo afecta el individuo al que es dirigido, sino que también libera autoridad en el terreno espiritual. Una proclamación pública divina por alguien con una autoridad legítima libera al Espíritu Santo y a los portadores angelicales para lograr lo que fue proclamado. Por otro lado, una proclamación pública inspirada por Satanás libera fuerzas demoníacas para lograr lo que fue proclamado.

En una ceremonia de bodas hay una proclamación pública de que dos personas que antes eran solteras son ahora marido y mujer. A la pareja se le entrega un certificado documentando la declaración de su matrimonio. Esto sella algo emocional y espiritual en los corazones de la pareja y en el terreno espiritual, y crea una conmemoración pública documentando la declaración del pacto que hicieron.

Cuando la esclavitud fue abolida en enero de 1863, el presidente Abraham Lincoln no se paró y dijo, "Ahora todos los esclavos son libres." El redactó un documento especial llamado la Proclamación de Emancipación y la posteó públicamente porque entendió el poder de la proclamación pública para revocar la autoridad demoníaca, estableciendo el propósito del reino de Dios, e impartiendo visión en el corazón de las personas.

Entendiendo esto, yo le animo a que se tome el tiempo para redactar una carta especial de bendición a sus padres que todavía viven. Luego encuentre un tiempo único y significativo para leerla públicamente y presentársela a ellos. El autor Dennis Rainey llama a esta bendición escrita un tributo.[1] Yo creo que esta palabra encaja. Tal vez usted también quiera que sus hijos estén presentes cuando presente su tributo. Esto les demostrará a sus propios hijos el valor de honrar a los padres y de mostrar respeto a las personas mayores. Esto también ayudará a crear una cultura familiar de bendición para la próxima generación.

CÓMO REDACTAR UN TRIBUTO A SUS PADRES

En su excelente libro "The Tribute" [El tributo], Dennis Rainey explica en detalle cómo escribir un tributo. No voy a ser tan exhaustivo como él, pero voy a resumir siete guías para escribir una bendición para sus padres.

1. *Haga una lista de todo lo que su padre/madre hizo bien.* Muchas veces los padres ancianos no se acuerdan de muchas de las cosas que hicieron bien. Tal vez solo se acuerden sus pecados, faltas y errores. Tome esta oportunidad para recordarles las cosas que hicieron bien.
2. *Haga una lista de todo lo que aprecia de su padre/madre.* Escriba algunas palabras para agradecer a su mamá o papá por estas acciones o atributos.
3. *Haga una lista de las cualidades divinas en el carácter que usted observó.* Si sus padres no eran cristianos y le está costando pensar las cualidades divinas, ore y el Señor le mostrará las intenciones del corazón de sus padres. Si su padre se iba a trabajar todos los días y llegaba a casa solo para sentarse y tomar cerveza enfrente del televisor, usted puede agradecerle por haber sido consistente y proveer para la familia. Dios le ayudará a ver las cualidades divinas en su padre/madre si se lo pide.
4. *Haga una lista de experiencias significativas (o tal vez cómicas) que usted comparte con su padre/madre.* Cada familia tuvo experiencias significativas. Tal vez fueron a acampar

juntos y la carpa se cayó en el medio de la noche. Tal vez su
mamá o su papá hicieron algo que salvó su vida. El propósito aquí es bendecir a su padre/madre por su participación
en su vida.

5. *Use sus listas para crear un tributo agradeciendo a su padre/
madre por su vida y para declarar las cosas buenas que su
padre hizo y el gran impacto que él o ella han tenido en su
vida.* Luego que haya escrito un borrador de la carta de bendición, le sugiero que se tome más tiempo para editarla. No
se preocupe mucho de que esté gramáticamente correcta.
Simplemente póngala de una forma que suene como usted.

6. *Personalice el tributo.* Haga que refleje su personalidad, y
luego decida cómo quiere que pueda ser mostrada permanentemente (ej. caligrafía en pergamino, impresa y enmar-
cada, tallada a mano en madera, etc.). El punto de este paso
es formalizar su tributo en algo permanente que pueda ser
exhibido en un lugar prominente. Le sugiero que gaste un
poco de dinero y haga de esto una hermosa expresión de su
honor a su papá o a su mamá.

7. *Elija un día que sea especial para usted y su padre/madre y
públicamente lea y presente el tributo a ellos.* Tal vez quiera
escoger un cumpleaños, aniversario, el día del padre o de la
madre, o cualquier otro día que sea significativo para ellos.
No tiene que ser un feriado. Puede simplemente ser un día
cuando usted y sus padres estén disponibles. Si sus dos padres
todavía viven, puede decidir si quiere presentar el tributo a
cada uno de ellos el mismo día o en momentos diferentes.

Al final de los 1990 mi esposa y yo buscamos al Señor sobre cuando bendecir públicamente a mi mamá y a mi papá. Sentimos que Dios
quería que hiciera una proclamación pública de bendición sobre mis
padres en nuestra conferencia anual de "Family Foundations International" ese año. Durante una de las sesiones de la conferencia leí cada
tributo, agradeciendo a mis padres por todo lo que ellos habían volcado
sobre mi vida, y luego oré y los bendecí públicamente. Estoy incluyendo
partes de la bendición que escribí y le presenté a mi madre para darle
un ejemplo de cómo sería un tributo.

Un tributo a mi madre, Vonnie Hill

Cuando vio a su hijo volar por la ventana del segundo piso en un paracaídas, mamá se disculpó de la conversación telefónica y salió corriendo para ver que le sucedió. Al encontrarlo todavía entero, salvado de un brazo roto, ella, a pedido de él, salió corriendo a rescatar su nuevo paracaídas del árbol, en el cual quedó atrapado. Muchas madres estarían tan afectadas por una experiencia así que estarían enojadas con su hijo por su estupidez y contentas de que el paracaídas estuviese destruido por el viento para no arriesgar más disturbios con su uso.

Mamá, gracias por preocuparte siempre más por mí como persona y por las cosas que eran importantes para mí que por tu propio temor, incomodidad e inconveniencia. Ahora que yo me convertí en padre, me di cuenta que es muy difícil proveer para un niño las oportunidades para aprender a crecer así como también los límites apropiados para mantenerlo seguro y a salvo del peligro. Siempre has hecho un excelente trabajo para mostrar amor, estar preocupada, poner límites, pero sin controlar, limitar o agobiar con muestras de cariño. Gracias por no quitarme oportunidades cuando cometí fallas al crecer.

Mucha gente que conozco tiene madres egoístas, controladoras, sobreprotectoras, a los ojos de quien nada está bien. Le agradezco a Dios por haberte tenido como mi mamá. Siempre sentí durante mi vida que estabas más preocupada por mí que por cómo yo te afectaba a ti.

Muchos desean que su madre sea una mujer de Dios a la que puedan seguir, admirar, y de la que puedan estar orgullosos. Mi mamá lo es.

Muchos desean que su madre oiga sus puntos de vista. Mi madre lo hace.

Muchos desean que su madre le hubiese enseñado acerca de Dios mientras crecían. Mi madre lo hizo.

Muchos desean que su madre les dejara libre emocionalmente para unirse a una esposa. Mi madre lo hizo.

Muchos desean que su madre orara por ellos regularmente. Mi madre lo hace.

Gracias, mamá, por orar por mí y mi familia cada día. Gracias por dejarme participar en todas las actividades que tuve en mis años de adolescencia, sin limitarme como resultado del temor… A pesar de que tú y papá no tenían mucha enseñanza bíblica en su vida de joven adulto, siempre vivieron una vida cristiana consistente. Gracias porque tu discurso y conversación siempre fueron puros y rectos. Has sido un maravilloso modelo de una mujer cristiana de la que se hable en Proverbios 31. ¡Te amo! Gracias, mamá, por amarme y ser mi madre. Estoy tan orgulloso de ti como mamá. Dios me ha hecho un hombre bendecido.

Su carta debe reflejar su corazón hacia sus padres, su personalidad, y su estilo de escritura. No es importante cómo usted expresa su bendición por sus padres sino el hecho de que lo haga. No trate de hacer un tributo perfecto; solo escríbalo y permita que sea una verdadera expresión de su corazón.

Algunas personas me han expresado una preocupación de que su padre o madre nunca les permitiría leer ese tipo de carta en público. He animado a personas en cuanto a esta preocupación a que oren y pidan el favor de Dios y el tiempo adecuado cuando puedan preguntarle a su padre o a su madre si le pueden bendecir. Muchos se sorprenden de la apertura que experimentaron al orar por adelantado y esperar el favor de Dios.

ORACIONES REMEDIALES PARA ROMPER LA MALDICIÓN

Si usted maldijo a sus padres en una edad avanzada

1. Arrepiéntase delante del Señor por ser el agente del diablo y no el agente de Dios en las vidas de sus padres.

Tal vez quiera orar algo así:

Padre, reconozco hoy que he sido el agente del diablo para enviarle a mi padre el mensaje de Satanás en su edad avanzada. Señor, hablé palabras de muerte y no palabras de vida sobre mi padre/madre. Hoy renuncio al pecado de maldecir la identidad de mi padre y al no garantizarle un lugar de honor y respeto en mi corazón. Me arrepiento de la deshonra que ha estado en mi corazón y te pido que me perdones por la sangre de Cristo Jesús. Oro para que tú sanes a mi padre/madre por el daño, hablé palabras de muerte y no palabras de vida sobre mi padre/madre. Hoy renuncio al pecado de maldecir la identidad de mi padre y al no garantizarle un lugar de honor y respeto en mi corazón. Me arrepiento de la deshonra que ha estado en mi corazón y te pido que me perdones por la sangre de Cristo Jesús. Oro para que tú sanes a mi padre/madre por el daño que causé por medio de mi actitud y de mis palabras de deshonra al maldecir su identidad. Te pido ahora que bendigas a mi padre/madre en su vejez. Señor, te pido ahora que me otorgues favor con mi padre/madre para encontrar un tiempo apropiado para confesarles mis actitudes erróneas y pedir perdón, y bendecir y honrar a mi padre/madre. Amén.

2. Reúnase con su padre/madre y reconozca su falta de bendición y pida perdón.

Cuando se reúna con sus padres, es importante que elija sus propias palabras y que hable desde su corazón. Tal vez quiera decir algo así: "Papá/mamá, me he dado cuenta de que mi actitud hacia ustedes ha sido irrespetuosa, juiciosa y desagradecida. Ahora me doy cuenta de que esto está mal y de que pequé contra ustedes con mis actitudes y acciones. ¿Pueden ver en su corazón si me perdonan? [Espere por la respuesta.] Ahora quisiera agradecerles por todo lo que han hecho por mí a lo largo de mi vida y contarles algunos pensamientos que he escrito en preparación para este día juntos."

3. En la misma reunión, pida perdón y pase a un momento de bendición.

Lea su carta de tributo y bendiga a su padre/madre.

Si sus padres abusaron de usted o le maltrataron y usted está luchando para bendecirles

1. Le animo a orar una oración de perdón y sanidad similar a esta:

Padre, mi mamá/papá me maltrataron y me lastimaron profundamente. Me doy cuenta hoy de que he protegido mi ser contra mayores daños estableciendo una barrera protectora en mi corazón resentido, amargado, y con culpa hacia mi padre/madre. Señor, he confiado en mi propia barrera protectora en vez de confiar en tu sangre. Padre, hoy quiero quitar esa barrera de resentimiento, amargura y culpa. Me arrepiento de confiar en mi propia barrera de resentimiento para protegerme a mí mismo, y te pido que tú me perdones.

Reconozco que mi padre/madre no puede pagar por la manera en la que él/ella me lastimaron y maltrataron. Pero Jesús, tú ya pagaste por todos los pecados de papá/mamá contra mí. Hoy acepto tu sangre como pago completo por los pecados de papá/mamá contra mí. Porque Tú pagaste declaro hoy que papá/mamá ya no tienen que pagar. Por tu sangre, perdono a papá/mamá. Ahora deposito mi confianza en ti para protegerme y mantenerme a salvo en el futuro.

También me doy cuenta de que había escogido deshonrar a mi padre/madre en mi corazón por lo que él/ella hizo y cómo yo y otros en mi familia fuimos tratados. Señor, reconozco que fue un pecado que yo deshonrara a mi padre/madre. Hoy me arrepiento de esa deshonra hacia él/ella en mi corazón. Te pido que me perdones. Como hoy he perdonado a mi padre/madre por lo que él/ella hizo, hoy elijo entregarle a mi padre/madre un lugar en mi corazón de honor y respeto. Elijo honrar y bendecir a mi padre/madre.

Señor, te pido que me otorgues favor con mi padre/madre para encontrar un tiempo apropiado para confesar mi falta de honor, pedir perdón y bendecir a mi padre/madre. Amén.

2. Ahora sugiero que usted siga los pasos anteriores y busque un tiempo para reunirse con sus padres.

Tal vez usted quiera asistir a un evento de Bendición de Generaciones para encontrar mayor sanidad y recibir de su padre celestial y recibir la bendición que no recibió de su padre o madre.

Si su madre o padre ya fallecieron y usted no les bendijo mientras vivían, usted no podrá bendecirles en este momento.

Sin embargo, le animo a decirle al Señor las cosas que le hubiese gustado decirles a sus padres. No le hable directamente a sus padres, porque la Biblia nos prohíbe hablarles a los muertos y denomina esto como brujería (Deuteronomio 18:11). Sin embargo, usted puede librar su corazón de todas las cosas que hubiese querido decir diciéndoselas directamente al Señor. Luego tal vez desee orar algo como esto:

Padre, no tomé la oportunidad de bendecir a mi padre/madre y compartirles mi tributo mientras él/ella estaba vivo. Señor, reconozco que no puedo pagar por ese error, y te pido que me perdones por la sangre de Jesucristo que fue derramada por mis pecados, fallas y errores. Recibo tu perdón y hoy me perdono a mí mismo por no haber tomado la oportunidad de bendecir a mi padre/madre mientras él/ella vivía. Señor, me hubiese gustado decirle a padre/madre estas cosas: [ahora es el tiempo de que usted derrame su corazón al Señor sobre la bendición que no le dijo a sus padres].

Padre Dios, reconozco que no puedo continuar aferrado a mi padre/madre en mi corazón. Siempre le amaré a él/ella y apreciaré los recuerdos que tengo. Gracias, Señor, por el tiempo que tuve con mamá/papá. Reconozco que él/ella pertenece contigo, no conmigo. Por lo tanto, hoy elijo soltar a mi padre/madre. Entrego a él/ella en tus manos, en el nombre de Jesús, amén.

ORACIONES PREVENTIVAS
PARA DESATAR LA BENDICIÓN

Cree una cultura de bendición en su familia organizando un tiempo para una proclamación pública de bendición sobre su padre y madre si todavía viven. Haga esto siguiendo los pasos de acción anteriores. Después de presentar su tributo, tal vez usted quiera proclamar una bendición similar a la siguiente. Tomada del libro de Terry y Melissa Bone, *The Family Blessing Guidebook* [La guía familiar de bendición], esto fue escrito por hijos adultos y declarado sobre sus padres cristianos en su edad anciana. Usted querrá adaptar el lenguaje para acomodar su situación específica.

Queremos tomar esta oportunidad para honrar y bendecirte por tu carácter y virtuosas obras a lo largo de tu vida.

Te honramos por los años de devoto servicio para criar a tus hijos, para proveer nuestras necesidades materiales, emocionales y espirituales.

Te honramos por poner nuestras necesidades por encima de las tuyas y por los sacrificios que hiciste por nosotros.

Honramos tu compromiso de seguir al Señor Jesús y te bendecimos por impartir tus valores espirituales sobre nosotros.

Te honramos por proveernos un modelo cristiano a seguir. Somos bendecidos e inspirados por tu integridad.

Te agradecemos por los muchos años que nos has guardado de los problemas.

Te agradecemos por impartir tu sabiduría y enseñarnos invaluables lecciones de la vida.

Te agradecemos por estar disponible para nosotros en las siguientes formas: *(a esta altura de la bendición se comparten un par de breves historias).*

Por los años que quedan que Dios les otorgue para permanecer en esta tierra:

Que nunca estén sin la presencia del Espíritu Santo,

Que tu corazón siempre esté en paz,

Que tu mente siempre esté alerta y aprendiendo,

Que tu fortaleza iguale lo largo de tus días,

Que Dios te mantenga en su amor todo el tiempo.

Bendecimos los recuerdos y que tengas presente la bondad de Dios y los buenos tiempos que tuvimos con familia y amigos.

Bendecimos tu vida espiritual, que continúes alabando a Dios en espíritu y en verdad.

Nos comprometemos a caminar contigo por el resto de tu camino en la tierra.

Durante los años del atardecer de tu vida, a medida que puedas cuidar menos de ti mismo, estaremos más disponibles para suplir tus necesidades...

O si nos separamos por la distancia...visitaremos cuando nos sea disponible y oraremos por ti cuando no podamos estar cerca.

Mientras miras a tus hijos hoy, también estás mirando al comienzo de un legado que durará por generaciones.

Nos comprometemos a llevar adelante tu legado y a pasar nuestra herencia espiritual a nuestros hijos y nietos.

Jehová te bendiga, y te guarde;
Jehová haga resplandecer su rostro sobre ti, y tenga de ti
    misericordia;
Jehová alce sobre ti su rostro, y ponga en ti paz.

—NÚMEROS 6:24-26[2]

Capítulo 11

BENDICIÓN FAMILIAR:
LA CLAVE PARA RECLAMAR
LA MONTAÑA FAMILIAR

En LOS ÚLTIMOS años se ha producido una buena cantidad de debates en los círculos cristianos sobre la recuperación de las siete montañas de la cultura. El concepto es que, a fin de impactar cualquier nación para Jesucristo, debemos afectar a las siete esferas, o montañas, que son los pilares de cualquier sociedad: empresas, gobierno, medios de comunicación, las artes y el entretenimiento, la educación, la familia y la religión. En su libro de 2011, *Change Agent* [Agente de cambio], mi amigo Os Hillman observó que estas siete esferas son controladas por un porcentaje pequeño de líderes y redes. De hecho, él escribió que se necesitan "menos de 3.5% de los que trabajan en la parte superior de una montaña cultural para cambiar realmente los valores representados en esa montaña".[1] Os señala:

> James Hunter, en un informe Trinity de 2002, pone de relieve lo que el sociólogo Randall Collins dice acerca de las civilizaciones en su libro *The Sociology of Philosophies* [Sociología de las filosofías]. Según Collins, las civilizaciones han sido definidas por un porcentaje muy pequeño de los filósofos culturales que influyen en siete puertas y sus redes de apoyo desde los albores de nuestra civilización. Hunter resume: "Incluso si sumamos las cifras menores en todas las redes, en todas las civilizaciones, el total es de sólo 2700. En suma, entre 150 y 300 personas (una pequeña fracción de los aproximadamente veintitrés mil millones de personas que vivieron entre 600 AC y 1900 AD) trazaron los contornos principales de todas las civilizaciones del mundo. Está claro que estas transformaciones eran de tipo jerárquico".[2]

Desde el comienzo, la cultura ha sido definida por una pequeña fracción de la población: no más de tres mil personas. "Por eso debemos darnos cuenta de que lograr más conversiones no necesariamente va a cambiar la cultura" explica Os. "Es importante tener conversiones, pero es más importante que los que se conviertan operen en las cimas de las montañas culturales desde una cosmovisión bíblica (...) Cuanto más liberales e impíos sean los agentes de cambio en la parte superior, más liberal e impía será la cultura. Cuanto más piadoso el agente de cambio en la parte superior, más justa será la cultura. No importa si la mayoría de la cultura está formada por cristianos. Sólo importa quién tiene la mayor influencia sobre esa montaña cultural. *Y la montaña familiar debe apuntalar todas las montañas culturales.*"[3]

De hecho, es cierto que la montaña familiar es el fundamento de todas las montañas culturales. ¿Por qué? Creo que es así porque los padres tienen el poder de liberar a sus hijos a prosperar y cumplir su destino dado por Dios o de impedirles que lo hagan. Muchos de nuestros niños están llamados a ser importantes factores de influencia en lo alto de las otras seis montañas culturales. Sin embargo, si nosotros como padres no entendemos nuestra responsabilidad de crear una cultura de bendición en nuestros hogares y multiplicar esta cultura dentro de nuestras comunidades, muchos niños encontrarán impedimentos para prosperar y cumplir su destino.

Es el poder de la bendición de un padre lo que imparte la visión de Dios y la confianza en los corazones de los niños y los libera para que se conviertan en importantes factores de influencia en la parte superior de las otras seis montañas culturales. Sin embargo, en las últimas décadas, los cristianos hemos permitido que una cultura de maldición eche raíces en nuestra sociedad y en consecuencia, hemos ido perdiendo nuestra influencia incluso dentro de la misma montaña familiar.

Por desgracia, es un hecho que desde finales de 1960 quienes tienen una cosmovisión bíblica han ido perdiendo su influencia sobre el matrimonio y la familia en América del Norte. Incluso en fecha tan reciente como la década de 1970, si una pareja tenía un interés romántico a largo plazo, la mayoría consideraba el matrimonio el siguiente paso obvio. Una vez que la pareja decidía casarse, incluso las que no asistían a la iglesia o a la sinagoga regularmente se ponían en contacto con un pastor, sacerdote o rabino para que llevara a cabo la ceremonia de la boda y les proporcionara alguna orientación prematrimonial. Ése no es el caso hoy día. Muchas parejas que están involucradas romántica y sexualmente pueden optar por no casarse y las que sí se casan puede que no consulten a un pastor o autoridad religiosa para que lleve a cabo la ceremonia. En realidad, los cristianos bíblicos no son las principales personas influyentes que guían los estándares de la sociedad respecto a las relaciones románticas, sexuales y familiares. Hemos estado perdiendo la batalla por esta influencia, como Os Hillman lo indica con las siguientes estadísticas.

Durante los últimos cuarenta años, el matrimonio se ha vuelto menos común y más frágil, y la proporción de niños que crecen fuera de matrimonios intactos se ha incrementado dramáticamente. Entre 1970 y 2008, la proporción de niños que viven con padres casados se redujo de 85% a 66.7%, según los datos del censo. Alrededor de tres cuartas partes de los niños que viven con un solo padre vive con una madre sola.

Estos importantes cambios en la estructura familiar provienen de dos cambios fundamentales en la conducta de los residentes de los Estados Unidos con respecto al matrimonio: incrementos en las tasas de alumbramientos de madres solteras y altas tasas de divorcio. Más de un tercio de todos los niños de Estados Unidos están ahora naciendo fuera del matrimonio (39,7%), incluido 71,6% de los bebés afroamericanos y 27,8% de los blancos y otros grupos étnicos.[4]

"El sesenta y cinco por ciento de los adultos jóvenes cuyos padres se divorciaron tenía malas relaciones con sus padres (comparado con el 29% de las familias sin divorcios)", según un estudio sobre la vida familiar publicado por dieciséis de los principales especialistas acerca de la importancia del matrimonio.[5]

El periódico *Washington Times* describió el impacto del divorcio en los niños. "Más de la mitad de los adolescentes estadounidenses han crecido con padres que rechazaron al otro, lo cual es un mal presagio para el liderazgo futuro, la productividad, la riqueza y el bienestar de la nación, según un nuevo informe nacional sobre las familias estadounidenses. Sólo 45% de los adolescentes de 15 a 17 años se ha criado desde su nacimiento con sus padres biológicos casados afirma el nuevo índice de pertenencia y rechazo en los EE. UU." [6]

En los capítulos anteriores hemos analizado las graves consecuencias espirituales y emocionales de ser concebidos fuera de la cobertura protectora del matrimonio. Las estadísticas precedentes nos dicen que más de 70% de los bebés afroamericanos y casi 40% de todos los bebés nacidos en los Estados Unidos se encuentran con poca bendición y sin ninguna protección de cobertura espiritual en la concepción y en el vientre. Esto significa que la mayoría de estos niños recibirán una impartición poderosa del mensaje de Satanás sobre la identidad y el destino a través de sus padres desde el mismo comienzo de la vida. Algunos incluso podrían ser atacados por espíritus demoníacos en el vientre materno.

A menos que haya una intervención sobrenatural, el enemigo tendrá vía libre para plantar un sentimiento de rechazo y de falta de valor profundamente arraigados en los corazones de estos niños. Si eso ocurre, estos niños necesitarán desesperadamente una impartición de bendición para romper el poder de la maldición sobre sus vidas. Sin una poderosa experiencia con Jesucristo para reemplazar el mensaje de Satanás por el de Dios, estos niños casi de seguro repetirán los mismos patrones familiares de sus padres.

También hemos visto la apremiante necesidad de que los padres estén involucrados en la vida de sus hijos, sobre todo en la pubertad. Como hemos visto, es la bendición del padre que libera un niño espiritual y emocionalmente para ser un hombre y a una niña para ser mujer. Las estadísticas anteriores nos dicen que sólo 45% de los niños todavía tienen ambos padres en el hogar en los años de la adolescencia. Esto significa que más de la mitad de todos los niños ni siquiera tienen la oportunidad de ser bendecidos por sus padres y liberados para alcanzar su identidad adulta cuando lleguen a la pubertad.

POR QUÉ LOS CRISTIANOS ESTÁN PERDIENDO LA BATALLA POR LA FAMILIA

Creo que la razón principal por la cual los seguidores de Jesucristo hemos perdido nuestra influencia sobre la montaña familiar es que no tenemos una cultura de bendición en nuestras propias familias. Honestamente, no es más probable que una persona que se crió en una familia cristiana haya sido bendecida en los siete momentos críticos de la vida que alguien que creció en una familia que no profesan una fe. Sin embargo, recibir la bendición a los seis momentos críticos de la vida es la base que permite a un niño a desarrollar una identidad sana y un sentido de propósito. En su propia búsqueda de valor, amor y propósito, los niños que crecen sin el beneficio de la bendición de los padres tienden a adoptar los valores destructivos que prometen satisfacción de corto plazo de la sociedad que les rodea.

Abrazar tales valores ha llevado a las mismas estadísticas sobre el divorcio, el adulterio, el sexo antes del matrimonio, el embarazo adolescente, el abuso de sustancias y los trastornos emocionales o de la conducta entre los que crecieron en familias cristianas y los que crecieron en familias que no profesan ninguna fe. Esto ha llevado al mundo a nuestro alrededor, e incluso a los hijos de padres que van a la iglesia, a hacerse la pregunta legítima: "¿Por qué íbamos a querer lo que ustedes tienen en su familia? Su vida familiar 'basada en la fe' no produce mejores resultados, y en algunos casos, ustedes producen peores resultados y mayor disfunción que nosotros".

Esto debería ser una llamada de atención para nosotros, porque esta crítica no carece de fundamento. Algo ha pasado. En las últimas décadas no hemos sido agentes de cambio para influir en la montaña familiar.

Anteriormente hemos hablado de la advertencia profética del libro de Jeremías: "Paraos en los caminos, y mirad, y preguntad por las sendas antiguas, cuál sea el buen camino, y andad por él, y hallaréis descanso para vuestra alma. Mas dijeron: No andaremos" (Jeremías 6:16). La bendición de las siete etapas críticas de la vida es un camino antiguo. Cuando las familias practican este antiguo camino de la bendición, realmente trae descanso a las almas de los niños.

Los niños que han sido bendecidos por sus padres tienden a tener paz interior y un firme sentido de valor y propósito. Los hijos adultos que nunca han sido bendecidos por sus padres con frecuencia no tienen descanso en su interior y tienden a pasar gran parte de su vida en la búsqueda de valor y propósito a través de su desempeño y las relaciones. Estos adultos no son libres para amar a un cónyuge desde un lugar de seguridad de su propio valor. Más bien, buscan a un cónyuge para sentirse valiosos.

La falta de paz en el alma de una persona causada por la ausencia de la bendición paternal a menudo encamina a las familias hacia los ciclos generacionales de divorcio y la disfunción. Describí este ciclo en un mensaje que di en nuestra conferencia anual de Family Foundations International en 2010.

El divorcio y el nuevo matrimonio en una generación hieren profundamente el corazón de los niños y siembra la semilla de la inseguridad, la vergüenza y la conducta orientada al desempeño en la siguiente generación. Cuando estos niños heridos alcanzan la edad adulta, con frecuencia tales semillas reproducen en el matrimonio el fruto de una o más de las cuatro "Grandes Aes": el adulterio, el abuso, el abandono o las adicciones.

A su vez, estos síntomas luego dan por resultado el divorcio en la segunda generación. Si los problemas fundamentales no se tratan en el matrimonio, y si no se lleva a cabo una curación verdadera de las heridas profundas del corazón, sino que continuamos aceptando el divorcio y el nuevo matrimonio como una solución adecuada a estas cuatro "Grandes Aes", podemos esperar que se intensifique y prolifere el pecado sexual con mayor perversión en cada generación sucesiva. El matrimonio gay es sólo la punta del iceberg de lo que vendrá. La historia registra que precisamente uno de tales ciclos condujo a la caída del Imperio Romano. Si queremos evitar que la historia de Roma se repita con nosotros, nuestra prioridad debe ser la auténtica curación y transformación de los corazones en esta generación y la restauración de la familia en nuestro país y en el mundo.

Desgraciadamente, en la mayor parte de la iglesia de hoy, el divorcio y las segundas nupcias se consideran soluciones aceptables cuando un cónyuge presenta uno o más de las cuatro "Grandes Aes". Opino que la mayoría de los líderes no están poniendo en la balanza las consecuencias generacionales y sociales de esta política. Muchos líderes de iglesias parecen sentir que de alguna manera estos asuntos de las cuatro "Grandes Aes" están fuera del alcance del poder de Dios para sanar. Sin embargo, al igual que Jesús liberó endemoniado gadareno en Marcos 5:1-20, él también puede sanar, liberar y enviar de regreso a su casa a los esposos y las esposas que han sido atados por el adulterio, el abuso, el abandono y las adicciones.

Una discusión sobre la forma de llevar a cabo la verdadera curación y la restauración de ambas partes de una grave crisis matrimonial relacionada con estos asuntos de las "Grandes Aes" queda fuera del alcance de este libro. Sin embargo, hay muchos recursos excelentes sobre este tema. Para empezar, le recomiendo que lea mi libro *Two Fleas and No Dog: Transform Your Marriage From Fleadom to Freedom* [Dos pulgas y ningún perro: Transforme su matrimonio del imperio de la pulga al imperio de la libertad].[7]

Cuando el enemigo logra hacer estragos en un matrimonio a través del adulterio, el abuso, el abandono o las adicciones, los cristianos sin fe suelen proponer el divorcio en lugar de la curación y la restauración de las dos partes. Desafortunadamente el divorcio rompe la cobertura protectora de Dios del pacto en el matrimonio y le abre la puerta al enemigo para impartir su mensaje a los corazones de los hijos. Creo que ésta es una de las razones por las cuales muchos hijos de padres divorciados reciben una creencia irracional profundamente arraigada en su ser de que la separación de sus padres de alguna manera fue su culpa. El enemigo también usará el divorcio para plantar un profundo sentimiento de abandono, culpa, vergüenza y perfeccionismo en los hijos, quienes temen ser rechazados permanentemente de la misma manera en que vieron a uno de sus padres cortar con el otro.

Dios diseñó el matrimonio como un pacto incondicional basado en la gracia. El divorcio lo presenta como un contrato condicional en función de las obras o del rendimiento. Así el divorcio distorsiona en el corazón del hijo la imagen profética de cómo Cristo nos tratará a nosotros que somos su Esposa (Efesios 5:31-32). En lugar de ser un pacto incondicional basado en la gracia, el matrimonio es visto como un contrato condicional basado en el desempeño, en el cual la parte errante puede ser expulsada y reemplazada por otra persona que tenga un desempeño más satisfactorio.

El divorcio le abre la puerta al enemigo para que deposite su mensaje de la identidad en el corazón de un hijo y robarle a ese niño la paz del alma. El perfeccionismo y la necesidad de controlar que nacen de la vergüenza hace que los hijos de padres divorciados potencialmente tengan que luchar con la culpa y la depresión en la edad adulta. En la adultez, los hijos pueden intentar calmar sus sentimientos profundos de ineptitud, abandono, culpa y vergüenza con el alcohol, las drogas, la pornografía, el sexo y otras adicciones. Estos síntomas de cólera, control, depresión, alcoholismo, adicción a las drogas, pornografía y adicción al sexo se manifiestan luego en las relaciones matrimoniales de los hijos adultos como el adulterio, el abuso, el abandono y las adicciones que hicieron que sus padres se divorciaran.

Ahora tenemos uno o más de esas cuatro "Grandes Aes" en la segunda generación, que a su vez conducen al divorcio, y así el ciclo se repite con mayor intensidad en la tercera generación. En alguna generación el pueblo de Dios debe reconocer que *el divorcio y las segundas nupcias no son la solución a las cuatro "Grandes Aes" del matrimonio. Más bien, son la semilla para producir esas cuatro "Grandes Aes" en la siguiente generación.* Con el fin de transformar este ciclo generacional de maldición en un ciclo generacional de bendición, alguien, en algún lugar, en algún momento tendrá que elegir morir a su propio beneficio a corto plazo y, en su lugar, elegir vivir para la bendición a largo plazo de sus hijos y las generaciones futuras (Marcos 8:34-37).

Sin embargo, esto no significa que un cónyuge que se encuentra ante cualquiera de estas cuatro "Grandes Aes" simplemente tiene que aceptar esa conducta y no hacer nada. Si bien el divorcio no es la solución, es muy importante para el cónyuge que enfrente con el abuso emocional, sexual o físico que dé aviso en forma inmediata (la primera vez que ocurra) a su pastor o líder espiritual y busque ayuda para la familia (1 Juan 1:7).

Los ciclos de abuso familiar rara vez, o nunca, se resuelven sin ayuda externa. Dios nunca tuvo la intención de que un cónyuge le haga frente al abuso familiar de forma aislada y por sí mismo. Junto con el consejo de su pastor, de inmediato usted debe diseñar e implementar un plan para protegerse a usted mismo/a y a los demás miembros de la familia que puedan estar en peligro y para hacer frente al agresor y procurarle a él o ella la ayuda necesaria. Este plan probablemente incluirá la asistencia de consejeros, ministerios especializados y tal vez las autoridades civiles.

La elección de un cónyuge de morir a la tentación de corto plazo de terminar permanentemente relación conyugal mediante el divorcio y en cambio seguir comprometido con la curación a largo plazo y la restauración del matrimonio es una de las más potentes imágenes proféticas del Evangelio que pudieran concebirse. No es muy difícil amar a quien te ama, bendecir a quien te bendice, serle fiel a aquél que es fiel. Pero ser fiel alguien no le es fiel a usted, aceptar a alguien que lo está rechazando a usted, bendecir a alguien que lo está maldiciendo (agrediendo): esto es un poco más difícil y es la verdadera imagen profética de lo que Jesucristo ha hecho por nosotros (Efesios 5:28-32).

CAMBIO DE LOS TRES VALORES FUNDAMENTALES DE LA SOCIEDAD

He mencionado antes que los niños cristianos que no han sido bendecidos tienden a adoptar los mismos valores a corto plazo de la sociedad que les rodea. Este es el cambio de valores que ha causado que los cristianos pierdan influencia sobre la montaña familiar de la sociedad. He visto el reemplazo de tres valores fundamentales en las últimas décadas, primero en la sociedad y ahora también en gran parte de la iglesia.

1. La Palabra de Dios como norma absoluta de la verdad ha sido reemplazada por la Palabra de Dios como norma relativa.
2. El autosacrificio como virtud se ha sustituido por la autogratificación como virtud.
3. El matrimonio como un pacto ha sido suplantado por el matrimonio como un contrato.

Creo que el enemigo ha sido capaz de perpetrar el cambio de estos tres valores principalmente porque nos hemos apartado del camino antiguo de la bendición de Dios en las siete etapas críticas de la vida. Como hemos visto, la bendición trae reposo al alma de una persona y la hace sentirse segura, amada y valorada. Las personas que no han sido bendecidas tienden a vivir con el dolor emocional y una gran inseguridad. Con frecuencia, esto los motiva a buscar la autogratificación a corto plazo en lugar de sacrificarse en el presente para cosechar los beneficios en el futuro tanto en sus propias vidas como en las generaciones futuras.

Veamos brevemente estos tres valores. Como seguidor de Jesucristo, tengo una profunda convicción de que la Biblia es la Palabra inspirada de Dios. Es el producto de hombres escogidos que hablaron y escribieron según el Espíritu Santo les inspiró. Por consiguiente, acepto la Biblia como mi fuente infalible de la verdad. Esto significa que acepto la autoridad de la Biblia para gobernar lo que creo y cómo vivo. Si hay un conflicto entre la Palabra de Dios escrita y una circunstancia, un sentimiento, una palabra profética, un sueño, una experiencia o un consejo de un pastor o líder, elijo a valorar la Palabra de Dios escrita por encima de cualquier otra palabra o experiencia subjetivas.

Sin embargo, en las últimas décadas, sobre todo con el advenimiento de la ciencia moderna, a las personas se les ha enseñado a dudar de todo hasta que se demuestre en forma tangible. Como resultado, las personas ya no ven la Biblia como un estándar absoluto de lo correcto y de la verdad, sino como una norma relativa que debe ser probada y demostrada como cualquier otra cosa. El problema de esta estrategia es que muchas personas se pierden por experimentar el infringir los caminos antiguos de Dios. Por desgracia, muchos no descubren las consecuencias de violar los principios de las escrituras sino hasta haber causado graves daños, no sólo para ellos mismos sino también para sus hijos y las generaciones futuras.

No dejo de asombrarme cuando los cristianos me dicen que han decidido seguir un curso de acción directamente opuesto a la enseñanza clara de la Biblia. Cuando les pregunto por qué creen que esa sea la decisión correcta, a menudo citan una palabra profética, un sueño, una visión, una circunstancia o un pequeño consejo que les llevó a esta decisión. Las palabras y experiencias subjetivas nunca deben sustituir la Palabra de Dios.

Para entender las consecuencias de este cambio de valores, imagine un faro instalado en un barco que está en movimiento en vez de un lugar fijo. Los buques que se valen del faro para navegar por aguas peligrosas se estrellarán contra las rocas porque no habrá ningún punto de referencia fijo para ayudarles a encontrar el camino. Su hito estará en constante movimiento. Esto es exactamente lo que está sucediendo con muchas familias de la iglesia.

El segundo valor que se ha reemplazado es el autosacrificio por la autogratificación. La vida abnegada fue una vez un valor profundamente arraigado entre los cristianos. Después de todo, Jesús sacrificó su vida por nosotros. En el Génesis, cuando Dios le dijo a Abraham que le bendeciría y le prosperaría, no fue sólo para su beneficio. Todas las familias de la tierra serían benditas en Abraham.

Históricamente, las familias vivían, comían y trabajaban juntas. Así es cómo sobrevivieron. Si una persona se negaba a cumplir su responsabilidad, toda la familia sufría o incluso podía llegar a perecer como consecuencia de ello.

Hoy, la supervivencia física colectiva ha sido reemplazada por la supervivencia emocional individual. Cada persona acarrea tanto daño emocional que para muchos el objetivo es simplemente sobrevivir y evitar más dolor emocional, tanto como sea posible. Esta forma de pensar, por supuesto, mantiene al individuo en un estado de inmadurez emocional, de dependencia, haciéndole reaccionar en lugar de ser proactivo. Tal persona se queda entonces como una víctima de las circunstancias y de las decisiones de los demás, lo cual continúa generando abundante dolor emocional.

Uno de los resultados principales de este cambio de valor es que los niños que crecieron en este entorno han perdido su sentido intrínseco del valor. En el pasado, cada persona crecía sintiéndose única y especial. Se sentía valiosa para Dios y para la sociedad, como si estuviera aquí con un propósito trascendente. Hace poco leí una carta que mi padre le escribió a su padre en 1945, en la cual le contaba de sus planes para después de la guerra. Mi padre creció en una iglesia denominacional tradicional y en ese momento de su vida no tenía un fuerte sentido de ser guiado por el Señor. Sin embargo, observe los valores que tenía a sus veinte años de edad.

Después de la guerra, pienso volver a la escuela para estudiar diversos campos científicos, militares y políticos. Mis principales intereses radican en los muchos campos de la ciencia, como la medicina, la genética, la física, la química, la astronomía; y ciertos efectos científicos, psicológicos, mentales relacionados con la medicina. La única razón por la que me gustaría entrar en la política o los asuntos militares es si son tan corruptos como lo han sido tantas veces en el pasado. Es decir, si ganamos la guerra y perdemos la paz y a fin de cuentas nos encontrarnos en tan malas condiciones como si Alemania hubiera ganado la guerra, entonces me parecería necesario entrar en una guerra política contra estos desgraciados cabecillas políticos que con frecuencia dirigen nuestro Congreso. En mi caso, el dinero no me importa un comino. Siempre que pueda conseguir lo suficiente para comer y un poco de ropa, voy a pasar el resto del tiempo dondequiera que pueda hacer el mayor bien, *ya sea luchando en conflictos militares internacionales o luchando contra los cabecillas políticos o tratando de resolver algunos problemas científicos desconcertantes.*

Lo que más me impresionó fue el sentido de propósito que mi padre poseía a los veinte años. Definitivamente valoraba la abnegación por encima de la auto-gratificación. Quería servir a sus compatriotas, tener la comida y la ropa necesarias para vivir y luego pasar el resto del tiempo allí donde pudiera hacer el mayor bien. Después de leer esta carta, le pregunté a mi padre si había tenido una actitud inusual cuando era joven. Me dijo que él no era el único. La mayoría de sus amigos y compañeros de clase tenían la misma actitud.

Este valor del autosacrificio ha desaparecido de nuestra sociedad actual. Lo que es peor es que muchos cristianos lo han perdido también. Para un seguidor de Cristo, la felicidad no es la verdadera meta de la vida sino extender y promover el reino de Dios. El gozo y la satisfacción personal son subproductos de servir a Jesús. Cualquier persona que busque el subproducto más que la meta no alcanzará ninguno. Jesús dijo: "Si alguno quiere venir en pos de mí, niéguese a sí mismo, y tome su cruz, y sígame. Porque todo el que quiera salvar su vida, la perderá; y todo el que pierda su vida por causa de mí y del evangelio, la salvará"(Marcos 8:34-35).

Así que servir a Jesús y servir al yo son objetivos incompatibles. Uno se basa en la abnegación y el otro, en la auto-gratificación. Dios no nos obliga a servirle. Él nos da la opción. El camino que escojamos, el servicio o la auto-gratificación, depende de los valores que realmente poseamos. Si desea profundizar sobre este tema del intercambio de valores, lo he explorado en detalle en mi libro *Help! My Spouse Wants Out* [¡Ayuda! Mi cónyuge quiere que terminemos].[8]

El tercer valor que se ha sustituido en nuestra sociedad es el del matrimonio como un pacto: ahora muchas personas lo ven como un contrato. Antes de la década de 1960, la mayoría de las personas de la sociedad y prácticamente todos los líderes de la iglesia consideraban que el matrimonio era un pacto para toda la vida que representaba la relación entre Cristo y su Iglesia basada en la gracia (Efesios 5:31-32). En la mayoría de las iglesias, los votos matrimoniales incluían una frase de este tenor: "Yo, John, te tomo a ti, Jane, como mi legítima esposa, para tenerte y sostenerte de hoy en adelante, en las buenas y en las malas, en la riqueza y en la pobreza, en la salud y en la enfermedad, para amarte y cuidarte hasta que la muerte nos separe, según la santa ordenanza de Dios; te doy mi palabra".

La frase "dar la palabra de uno" se refiere a hacer un juramento o compromiso solemne. Como puede ver, los votos son las palabras de un pacto, que se terminará sólo con la muerte.

Un contrato y un pacto son dos conceptos totalmente diferentes. Un pacto puede ser caracterizado como unilateral, incondicional e irrevocable. Se describe mejor como una promesa que no se romperá y que sólo termina con la muerte. Un contrato, por su parte, es bilateral, condicional y revocable. Es un acuerdo totalmente dependiente del cumplimiento de cualquiera de las partes y que se termina por el incumplimiento o la traición de cualquiera de las partes. Como se puede ver, éstos son conceptos completamente diferentes.

Es más, un pacto depende de la *palabra* de aquel que hizo el pacto. Un contrato, sin embargo, depende de las *acciones* (desempeño) de las partes pertinentes. Mientras que un pacto se basa en el autosacrificio, la gracia y el perdón, el contrato se basa en la autorealización, las acciones y la justicia.

Un contrato es como una transacción de venta. Si acuerdo venderle a John un auto por $10,000, no tengo que darle el coche si él me da sólo $5,000. Me libero del contrato y tengo libertad de venderle el coche a otra persona si Juan no cumple su palabra.

Un pacto, por el contrario, es como una promesa irrevocable. Si prometo darle mi coche a John porque lo amo y quiero bendecirlo, el cumplimiento de mi promesa no depende de nada Juan haga o deje de hacer. Que Juan reciba el coche depende sólo de mi integridad para mantener mi palabra. Aunque John se enfade conmigo, mienta acerca de mí, me traicione y trate de destruirme, yo le daré el auto porque le di mi palabra de que así lo haría. Se trata de un pacto.

¿Su relación con Jesucristo se asemeja más a un pacto o a un contrato? Espero que se asemeje a un pacto. No depende de sus acciones, sino de su Palabra. Si usted peca contra él, o se vuelve adicto a sustancias o hábitos pecaminosos que son una abominación a Dios, Jesús no pone fin a la relación con usted, no lo echa de una patada ni lo reemplaza por otra persona. Su relación con usted es un pacto, en función de su promesa y no de sus acciones.

Dios diseñó el matrimonio como un pacto y lo puso en la tierra para representar la relación de Cristo y su Iglesia. Por desgracia, el enemigo prácticamente ha erradicado toda imagen profética de la manera en que Cristo trata a su Iglesia gracias a que hemos reemplazado el matrimonio como pacto por el matrimonio como contrato.

Muchas parejas todavía juran "Hasta que la muerte nos separe" durante la ceremonia de la boda, pero viven como si su matrimonio fuera un contrato condicional. Aceptan y autorizan la disolución permanente del matrimonio (divorcio) y el reemplazo de su cónyuge por otra persona (segundas nupcias) si alguna de las cuatro "Grandes Aes" (el adulterio, el abuso, el abandono, o la adicción) se manifiesta en su matrimonio. Le he dicho a algunos pastores: "Si usted cree que el matrimonio es un contrato, entonces por favor deje de inducir a la gente a mentir en la ceremonia de la boda al usar el lenguaje de pacto 'hasta que la muerte nos separe'". Sería mejor que cambiaran el lenguaje para que exprese lo que realmente creen: "Yo te tomo como mi legítimo/a esposo/a...hasta que el adulterio, el abuso, el abandono, las adicciones o la muerte nos separen".

PASOS PRÁCTICOS PARA CREAR UNA
CULTURA DE BENDICIÓN

Al mirar con cierto detalle cada uno de estos siete momentos críticos de bendición, hemos visto que en la antigua cultura hebrea era casi imposible no ser bendecidos en cada una de estas etapas de la vida. En nuestra cultura moderna occidental sería raro que alguien que ha sido bendecido incluso en algunas de las etapas críticas de la vida. Creo que podemos cambiar eso, y en una o dos generaciones, sus hijos y nietos podrán decir: "Crecí en una cultura de la bendición. Mis padres me han bendecido en las seis etapas críticas de la vida. ¿No fue ese el caso para todos los que nos criamos en una familia cristiana?".

Podemos crear una nueva generación de jóvenes como John Quincy Adams o Betsy Ross, hombres y mujeres jóvenes que tuvieron un sentido establecido de identidad y el propósito desde una edad muy joven. Esta nueva generación que ha crecido en una cultura de bendición será lo suficientemente segura como para defender los valores que beneficien a toda la sociedad y las generaciones futuras. ¿Por qué no dejar que estos cambiadores del mundo sean sus hijos y nietos?

Ahora veamos lo que usted puede hacer prácticamente como una familia para crear una cultura de la bendición y convertirse en un agente de cambio para ayudar a recuperar la influencia en la montaña familiar de nuestra sociedad. Si usted está casado, lo mejor es poner en práctica estos pasos como pareja. Si usted es un padre soltero, puede implementar la mayoría de estos pasos por su cuenta.

Para los pasos que no se pueden implementar solo, busque a familiares piadosos y al cuerpo de Cristo para que estén a la brecha con usted por sus hijos. Usted puede confiar en Dios, su Jehová Jiré, que le provea siempre lo que necesite en el momento justo. Ahora vamos a ver los pasos que puede seguir para crear una cultura de la bendición en su familia.

1. Determine crear una cultura de bendición en su familia y en su comunidad al bendecir a sus amigos, vecinos y compañeros de trabajo.

2. Si usted está casado, haga el hábito de orar juntos como pareja diariamente y díganse una bendición el uno al otro.

Recuerde que debe mirar a los ojos de su esposo(a) mientras ora, y tomar un minuto cada uno para el arrepentimiento y el perdón, la acción de gracias y la alabanza.

3. Reciba ministración para ser sanado de maldiciones de identidad en el pasado.

Nuestra experiencia de "Bendición de las Generaciones" ofrece este tipo de ministración. Esta ayuda a las personas a recibir la sanidad por las maldiciones del pasado y reciba la bendición de su Padre celestial, si no fueron bendecidos por sus padres terrenales. También prepara a los participantes para bendecir a los miembros de su propia familia durante cada una de las siete etapas críticas de la vida.

4. Comience a separar la identidad de la conducta cuando se refiere a la disciplina de sus hijos.

Bendiga la identidad de sus hijos, incluso cuando debe aplicar una consecuencia de disciplinar su comportamiento. Recuerde los principios en el capítulo 2 sobre comunicar expectativas claras a sus hijos, planificar la disciplina con antelación, y ser rápido para arrepentirse y bendecir a su hijo si usted comete un error.

5. Desarrolle un hábito regular de tener una comida el sabática en familia una vez a la semana.

Diga una bendición sobre cada uno de los miembros de su familia, siguiendo los consejos del capítulo 3 acerca de cómo hacerlo.

6. Considere la posibilidad de convertirse en un agente de cambio al invitar a otra familia a la cena en la noche de bendición familiar.

Después de bendecir a los miembros de su propia familia, pregúnteles a sus invitados si se los puede bendecir también. Si preguntan, enséñeles cómo llevar a cabo su propio tiempo semanal de bendición. De esta manera usted puede ayudar a comenzar una revolución de bendición en su comunidad.

7. Abrace y utilice el poder de la bendición de las siete etapas críticas de la vida.

Bendiga a sus hijos en el *momento de la concepción.*

- ཉ Ore para romper el poder de maldiciones en el pasado que su hijo pudo haber experimentado en la concepción.
- ཉ Bendiga a la concepción de sus hijos actuales.
- ཉ Prepare un ambiente de bendición para sus futuros hijos.

Bendiga a sus hijos durante su *tiempo en el vientre materno.*

- ཉ Ore para romper el poder de maldiciones en el pasado que su hijo pudo haber experimentado durante su gestación.
- ཉ Bendiga a cualquier hijo actual cuya identidad usted maldijo o no bendijo en el vientre.
- ཉ Bendiga a sus hijos no nacidos todos los días que están en el vientre.

Bendiga a sus hijos al *nacer.*

- ཉ Ore para romper el poder de maldiciones en el pasado que su hijo pudo haber experimentado en el nacimiento.
- ཉ Bendiga a cualquier hijo actual cuya identidad usted maldijo o no bendijo en el nacimiento.
- ཉ Haga una ceremonia de bendición para su recién nacido aproximadamente ocho días después del nacimiento para dedicar públicamente el niño al Señor. Declare el significado del nombre del niño, afirme la identidad de sexo y su destino, y comparta las palabras que el Señor le haya dado para su hijo.

Bendiga a sus hijos *durante la infancia y niñez.*

- ཉ Ore para romper el poder de maldiciones en el pasado que su hijo pudo haber experimentado en la infancia y la niñez.

⊛ Bendiga a cualquier hijo actual cuya identidad usted maldijo o no bendijo durante la infancia y la niñez.

⊛ Bendiga a sus hijos con regularidad durante la infancia y la niñez.

Bendiga a sus hijos en la *pubertad* y libérelos en sus identidades adultas.

⊛ Ore para romper el poder de maldiciones en el pasado que su hijo pudo haber experimentado durante la adolescencia.

⊛ Planifique y lleve a cabo un tipo de ceremonia de bendición bar/bat barakah para liberar a su hijo/hija a su identidad adulta. Hágalo en el momento de la pubertad, pero si se perdió esa oportunidad, planifique una ceremonia sin importar la edad de su hijo. Recuerde que debe incluir los tres componentes claves: la instrucción y preparación, la ceremonia y la celebración.

Bendiga a sus hijos en el momento de su *matrimonio.*

⊛ Si sus hijos ya están casados y no bendijo su unión, siempre que el matrimonio no sea inmoral, arrepiéntase y bendiga el matrimonio y el cónyuge de su hijo(a) ahora.

⊛ Desarrolle una estrategia familiar para dirigir las relaciones románticas y el proceso de selección del cónyuge antes que sus hijos lleguen a la pubertad. Sugiero la estrategia del compromiso de integridad entre los padres y el/la hijo(a) en vez de el sistema tradicional de citas. Enséñeles a sus hijos su estrategia familiar para dirigir las relaciones a medida que llegan a la pubertad.

⊛ Cuando su hijo adulto se case, proclame públicamente su bendición sobre el matrimonio en la boda y libere a su hijo(a) adulto(a) a unirse a su esposa(o).

Bendiga a sus padres *en su edad anciana.*

&» Si ha maldecido a sus padres en su vejez, pídale perdón a Dios.

&» Busque un momento para bendecir a sus padres si todavía viven con un tributo público. Haga que sus hijos lo acompañen.

&» Si sus padres no están aún en sus últimos años, planee de antemano la bendición. Es posible que desee pedirles a sus hijos y a sus hermanos que lo acompañen.

Cuando comenzamos a entender hasta qué punto nuestra cultura cristiana se ha desviado del camino antiguo de bendición de Dios, esto puede resultar ser un poco abrumador. Sin embargo, le sugiero que se mueva hacia adelante con la estrategia proverbial para comer un elefante: tomar un bocado a la vez. Sólo tiene que elegir un nuevo hábito a la vez para poner en práctica. Le sugiero que siga de forma secuencial los pasos resumidos anteriormente. Comience por decidir la creación de una cultura de bendición en su familia. Entonces, si usted está casado, comience a orar con su cónyuge y bendecirse el uno al otro todos los días. Una vez que este hábito está en su lugar, vaya al paso tres. Luego comience a planear e implementar una estrategia para bendecir a sus hijos mientras que disciplina. Cuando esto está funcionando bien, pase al paso cinco y así sucesivamente.

También le animo a seguir la primera orden que Dios le dio al hombre en la Biblia: "Fructificad y multiplicaos" (Génesis 1:28). En la Biblia, Josué motivó a una nación entera a volver a los antiguos caminos de Dios mediante una declaración personal. Él dijo en esencia: "Y si mal os parece servir a Jehová, escogeos hoy a quién sirváis; si a los dioses a quienes sirvieron vuestros padres, cuando estuvieron al otro lado del río, o a los dioses de los amorreos en cuya tierra habitáis; *pero yo y mi casa serviremos a Jehová*" (Véase Josué 24:15). Las revoluciones son iniciadas por personas contagiosas que infectan a los que les rodean con su pasión. Una vez que comience a construir una cultura de bendición en su propia familia, intencionalmente comience a invitar otras familias a su hogar e inféctelas con el virus de la bendición.

Entonces, ¿cómo seguidores de Cristo, cómo nos convertimos en agentes de cambio y recuperamos nuestro derecho para influir la montaña familiar de la sociedad? Iniciamos una revolución familiar de bendecir una familia a la vez. Los padres que bendicen a sus hijos producen familias bendecidas. Las familias bendecidas que intencionalmente bendicen a otras familias producen comunidades bendecidas. Comunidades bendecidas producen ciudades bendecidas, que finalmente producen regiones y naciones bendecidas. La autoridad y la influencia en la montaña familiar de la sociedad puede ser restaurada una vez más a la iglesia; si cada familia entiende, aplica y comparte con los demás el poder de la bendición paternal.

Notas

Introducción

1. *New Exhaustive Strong's Numbers and Concordance with Expanded Greek-Hebrew Dictionary* de Biblesoft. Copyright ©, Biblesoft and International Bible Translators, Inc., s.v. "barak," OT:1288.
2. W. E. Vine, *An Expository Dictionary of Biblical Words* (Thomas Nelson Publishers, 1985), s.v. "berakah, to bless [bendecir]," OT:1293.
3. Ibíd., s.v. "eulogeo, to bless [bendecir]," NT:2127.
4. Ibíd.

Capítulo 2: Crear una cultura de bendición familiar

1. John Trent y Gary Smalley, *The Blessing* (Thomas Nelson, 1993), 30.
2. *Fiddler on the Roof* dirigida por Norman Jewison (MGM).

Capítulo 3: El camino antiguo de Dios: Siete tiempos críticos de bendición

1. Steven Silbiger, *The Jewish Phenomenon* (M. Evans, 2009).
2. Ibíd., 2.
3. Ibíd., 4.
4. Servicio de Parques Nacionales, "John Quincy Adams Biography," www.nps.gov (consultado en línea, 7 de diciembre de 2012).
5. Nancy Spannaus, "Ben Franklin's Youth Movement: Making the American Revolution," *Executive Intelligence Review*, 15 de diciembre de 2006, www.larouchepub.com (consultado en línea, 7 de diciembre de 2012).
6. Noel y Phyl Gibson, *Evicting Demonic Squatters and Breaking Bondages* (Freedom in Christ Ministries Trust, 1987).

Capítulo 4: Bendecir a sus hijos durante la concepción

1. Centros para el control y prevención de enfermedades, "Unmarried Childbearing," 14 de septiembre de 2012, www.cdc.gov (7 de diciembre de 2012).
2. Para más información detallada sobre al cultura hebrea bíblica puede leer el libro de Alfred Edersheim, un clásico en la materia, *Sketches of Jewish Social Life in the Days of Christ* (The Religious Tract Society, 1876).
3. National Marriage Project at the University of Virginia and the Center for Marriage and Families at the Institute for American Values, *The State of Our Unions 2009*, www.stateofourunions.org (7 de diciembre de 2012).

Capítulo 5: Bendecir a sus hijos en el vientre

1. Craig Hill, *If God Is in Control, Then Why...?* (Family Found. Int., 2008).
2. Thomas Verny con John Kelly, *The Secret Life of the Unborn Child* (Dell Publishing Company Inc., 1981), 12-13. Permiso para la cita solicitado.
3. Ibíd., 15.
4. Ibíd., 22-23.
5. Ibíd., 18-19.

6. Ibíd., 25.

7. Ibíd., 26-27.

8. Ibíd., 30-31.

9. William Wilson, *Wilson's Old Testament Word Studies* (Macdonald Publishing, n.d.), s.v. "rasha."

10. Blue Letter Bible, "Lexicon Results: Strong's H2114-*zuwr*," www.blueletterbible.org (10 de diciembre de 2012).

11. Blue Letter Bible, "Lexicon Results: Strong's H8582-*ta'ah*," www.blueletterbible.org (10 de diciembre de 2012).

12. Para más información sobre cómo asistir a una Blessing Generations Experience en su área, visite www.familyfoundations.com.

13. Verny, *The Secret Life of the Unborn Child*, 65.

Capítulo 7: Bendecir a sus hijos durante la infancia y la niñez

1. Kim Knight, "The Consequences of Sensory Deprivation in Early Childhood," *The Art of Health*, 14 de julio de 2010, www.kimknight101. wordpress.com (10 de diciembre de 2012).

Capítulo 8: Bendecir a sus hijos durante la etapa de la pubertad

1. Craig Hill, *Bar Barakah: A Parent's Guide to a Christian Bar Mitzvah* (Family Found. Int., 2011).

2. Robert Lewis, *Raising a Modern-Day Knight* (Tyndale House Pub., 2007).

Capítulo 10: Bendecir a su padre en la edad anciana

1. Dennis Rainey, *The Tribute* (Thomas Nelson, 1994).

2. Terry y Melissa Bone, *The Family Blessing Guidebook* (I.D. Ministries, 2012), 188-189. Permiso para la cita solicitado.

Capítulo 11: Bendición familiar: La clave para reclamar la montaña familiar

1. Os Hillman, *Change Agent* (Charisma House, 2011), 8.

2. James Davidson Hunter, "To Change the World," *The Trinity Forum Briefing*, vol. 3, no. 2, 2002, www.ttf.org (5 de abril de 2011), de las referencias de Hillman, *Change Agent*, 8.

3. Hillman, *Change Agent*, 8-9, énfasis propio.

4. Institute for American Values and University of Virginia's The National Marriage Project, "The State of Our Unions: Marriage in America 2009," diciembre de 2009, de las referencias de Hillman, *Change Agent*, 117-118.

5. Institute for American Values, *Why Marriage Matters: Twenty-Six Conclusions From the Social Sciences*, second edition (Institute for American Values, n.d.), de las referencias de Hillman, *Change Agent*, 118.

6. Cheryl Wetzstein, "Majority of Teens Live in 'Rejection' Families," *Washington Times*, 15 de diciembre de 2010, de las referencias de Hillman, *Change Agent*, 118.

7. Craig Hill, *Two Fleas and No Dog* ((Family Found. Int., 2007).

8. Craig Hill, *Help! My Spouse Wants Out* ((Family Found. Int., 1995), 45-54.

Acerca del autor

CRAIG HILL Y su esposa, Jan, presiden Family Foundations International, un ministerio cristiano sin fines de lucro a través del cual conducen "experiencias" o eventos de capacitación para un cambio de vida denominados Ancient Paths [Sendas Antiguas] durante los fines de semana en cuarenta y ocho países del mundo.

Gracias a su experiencia previa en los negocios, las misiones, la consejería y ministerio pastoral, Craig ha adquirido una comprensión única de las relaciones matrimoniales, familiares, generacionales, financieras e interpersonales. Al entretejer historias personales con las verdades bíblicas, Craig a menudo logra traspasar el velo de la mente para ministrar a las profundidades del corazón, lo cual resulta en un auténtico cambio de vida para muchos. Craig es autor de muchos libros. Vive con su esposa cerca de la ciudad de Denver, Colorado.

Para obtener información sobre las Experiencias Sendas Antiguas en su área, un catálogo de otros libros, DVD y CD de Craig Hill, o bien una copia del calendario de presentaciones de Craig, visite:

www.familyfoundations.com

En los Estados Unidos, llame al (303) 797-1139

Te invitamos a que visites nuestra página web, donde podrás apreciar la pasión por la publicación de libros y Biblias:

www.casacreacion.com

Para vivir la Palabra